Dorothea von Choltitz

Leben mit dem Tod

Materialien für den Unterricht

Calwer Verlag Stuttgart

Inhalt

Bibliografische Informationen der Deutschen Bibliothek
Die Deutsche Bibliothek verzeichnet diese Publikation in der Deutschen Nationalbibliografie: detaillierte bibliografische Daten sind im Internet über http://dnb-ddb.de abrufbar

ISBN 978-3-7668-4006-6

Umschlag unter Verwendung von Gustav Klimt, Tod und Leben, 1910-1915, Sammlung R. Leopold
Layout und Herstellung: Kurt Thönnes, die Werkstatt, Hindelbank
Reproduktionen: Medien-Team Berger, Ellwangen
Druck: Druckpartner Rübelmann, Hemsbach
E-Mail: info@calwer.com
Internet: www.calwer.com

Sehr geehrte Lernende!

Mit der Bearbeitung des Themas »Leben mit dem Tod« ist Ihnen, Ihrer gesamten Klasse oder Lerngruppe, aber auch Ihren Lehrerinnen und Lehrern eine besondere Aufgabe gestellt. Da dieses Thema jeden Menschen früher oder später hautnah »angeht« und mit unterschiedlichen Erfahrungen, Gefühlen und Gedanken besetzt ist, hat jeder Einzelne und auch die Gesellschaft, in der wir leben, bewusst oder unbewusst erkennbare »Strategien« entwickelt, mit diesen häufig sehr intensiv erlebten Erfahrungen mit dem Tod umzugehen. Einige versuchen dabei den Tod totzuschweigen, ihn zu verdrängen, zu beschönigen oder zu verkleinern. Andere überhöhen oder dämonisieren ihn.

Es ist interessant und auch anrührend zu entdecken, welche unterschiedlichen Wege die Menschen gefunden haben, mit dem Tod umzugehen. Die Deutungsmuster von Religionen miteinander zu vergleichen sowie die eigenen Erfahrungen, Gedanken und Gefühle wahrzunehmen und zu artikulieren, ist wesentliches Ziel dieses Arbeitsheftes. Ein wenig begegnet jeder sich selbst bei diesem Thema: seinen eigenen Ängsten, seiner Grundhaltung dem Leben gegenüber, seinen schon erkannten oder sich erst entfaltenden Vorstellungen, das eigene Leben zu gestalten; er begegnet aber auch seiner ganz individuellen Reaktion auf die mit dem Arbeitsheft gegebene Möglichkeit, seine eigene Sterblichkeit in den Blick zu nehmen.

Bei allen Teilthemen können Sie selbst entscheiden, auf welcher Zugangsebene Sie sich alleine oder in der Gruppe um dieses Thema bemühen möchten. Als Zugangsebenen bieten sich an:

Zugang 1

Das Erkennen und Beschreiben der »Räume« des Sterbens heute. Der Blick auf die Formen des Sterbens früher ist dabei hilfreich zur Reflexion des Geschehens heute.

Hans Arp © VG Bild-Kunst, Bonn 2008. Aus: Hans Arp, Gesammelte Gedichte III. © 1984 Verlags-AG Die Arche, Zürich und Limes Verlag Niedermayer und Schlüter GmbH, Wiesbaden und München

Zugang 2

Die derzeit gebräuchlichen Umgangsformen mit dem Tod in unserer Gesellschaft. Die Bestattungsformen und Rituale, mit denen dem Tod begegnet wird.

Zugang 3

Die Auseinandersetzung mit dem Thema Tod kann dazu führen, dass die Wahrnehmung der Gefühle, die dadurch ausgelöst werden, für Sie wichtig und interessant wird.

Durch Wahrnehmung unterschiedlicher Erkenntnisse der Psychologie über das Wesen der Trauer sowie die Formen und Phasen der Trauerbewältigung kann man sich den damit verbundenen (eigenen) Gefühlen nähern.

Zugang 4

Ein weiterer wichtiger Erkenntnishorizont des Themas »Tod«, dessen Intensität zunächst ja von Individuen und deren persönlichem Umfeld erlebt wird, ist der gesellschaftlich-politische Umgang mit ihm.

Zugang 5

Unterschiedliche Grundmuster des Todesverständnisses in den Religionen sowie die Schritte der ethischen Urteilsbildung.

Zugang 6

Philosophische Ansätze, den Tod zu »verstehen«, miteinander zu vergleichen sowie deren Konsequenzen für das eigene Handeln zu entdecken, ist ein weiterer Produktiver Zugang zum Thema »Leben mit dem Tod«.

Für alle genannten Zugangsmöglichkeiten bietet das Heft geeignete Informationen und Materialien, die Sie je nach Themenstellung und Arbeitsform heranziehen und miteinander kombinieren können. Die Impulsfragen verstehen sich als Anregungen für das Gespräch in der Klasse/Gruppe sowie als Vorschläge zur vertiefenden Arbeit.

Ich wünsche Ihnen anregende Gespräche, wertvolle Erfahrungen und viele hilfreiche Einsichten bei der Erarbeitung dieses Themas, das jeden von uns irgendwann einmal angeht.

Dorothea von Choltitz

»Darf ich wagen, nach dem Wesen des Todes zu fragen«

Glauben Sie, fragte man mich,
An ein Leben nach dem Tode?
Und ich antwortete: ja.
Aber dann wusste ich
Keine Auskunft zu geben
Wie das aussehen sollte
Wie ich selber
Aussehen sollte
Dort … *Marie-Luise Kaschnitz*

Denn ich bin gewiss, dass weder Tod noch Leben, weder Engel noch Mächte noch Gewalten, weder Gegenwärtiges noch Zukünftiges, weder Hohes noch Tiefes noch eine andere Kreatur uns scheiden kann von der Liebe Gottes, die in Christus Jesus ist, unserm Herrn. *Römer 8,38f.*

Ein Hund
der stirbt
und der weiß
dass er stirbt
wie ein Hund
und der sagen kann
dass er weiß
dass er stirbt
wie ein Hund
ist ein Mensch

Erich Fried

© *Isolde Ohlbaum*

»Aller Tod in der Natur ist Geburt, und gerade im Sterben erscheint sichtbar die Erhöhung des Lebens. Es ist kein tötendes Prinzip der Natur, denn die Natur ist durchaus lauter Leben; nicht der Tod tötet, sondern das lebendigere Leben, welches hinter dem alten Verborgenen beginnt und sich entwickelt.«

Johann Gottlieb Fichte

»Darf ich wagen, nach dem Wesen des Todes zu fragen?«

Der Meister sprach: »Wenn man noch nicht das Leben kennt, wie sollte man den Tod kennen?«

Kungfutse, Gespräche. Lun Yü

Er wird alle Tränen von ihren Augen abwischen:

Der Tod wird nicht mehr sein, keine Trauer, keine Klage, keine Mühsal.

Denn was früher war, ist vergangen. *Offenbarung 21,4*

Es ist der Tod, der Trost und Leben schenkt;
Er ist das Ziel, das einzig Hoffnung macht,
Ein Elixier, das uns berauschend tränkt,
Und Mut gibt, durchzuhalten bis zur Nacht,

Durch Sturm und Schnee ist er das schwache Licht,
Für uns am dunklen Horizont entzündet;
Ist jene Bleibe, die das Buch verspricht,
wo man zur Rast ein Mahl und Schlummer findet,

Ein Engel, dessen Finger lockend zeigen
Den Schlaf und Träume, die uns übersteigen;
Armen und Nackten er ein Bett bereitet;

Der Götter Ruhm, der Speicher, der nie leer,
Der Armen Beutel, Heimat von jeher,
Das Tor, das uns zu fremden Himmeln leitet!

Charles Baudelaire

© *Isolde Ohlbaum*

»Im Hause meines Vaters sind viele Wohnungen. Wäre es nicht so, hätte ich es euch gesagt. Ich gehe, um euch einen Platz zu bereiten. Und wenn ich gegangen bin und euch einen Platz bereitet habe, komme ich wieder und werde euch zu mir nehmen, damit, wo ich bin, auch ihr seid.

Denn keiner von uns lebt für sich selbst, und keiner stirbt für sich selbst. Denn wenn wir leben, leben wir für den Herrn, und wenn wir sterben, sterben wir für den Herrn. Mögen wir also leben oder sterben, wir gehören dem Herrn.« *Johannes 14,2–3*

Jeder, der geht, belehrt uns ein wenig über uns selbst. Kostbarer Unterricht an den Sterbebetten.

Hilde Domin

Jeden Morgen beginnt mein Leben neu und jeden Abend endet es.

Edith Stein

Der Tod ist groß.
Wir sind die Seinen
lachenden Munds.
Wenn wir uns mitten im Leben
meinen,
wagt er zu weinen
mitten in uns

Rainer Maria Rilke

Der Herr Krischna spricht zu seinem Schüler Arduschna:

Die Weisen trauern nicht um das, was lebt, noch um den Tod. Nie gab es eine Zeit, in der ich nicht war, oder du; auch jene, der Erde Herrscher, waren stets; noch wird die Zeit in Zukunft kommen, wenn nur einer aufhören wird zu sein, der wahrhaft ist. Was wirklich ist, lebt ewig.

Wie im Körper auf Kindheit und Jugend das Alter folgt, so folgt Entstehen und Vergehen stets für die Gefäße, die der Geist bewohnt. Das, was unsterblich ist im Menschenherzen, wird wieder neu in Leibern offenbar.

Aus der Bhagavad-Gita

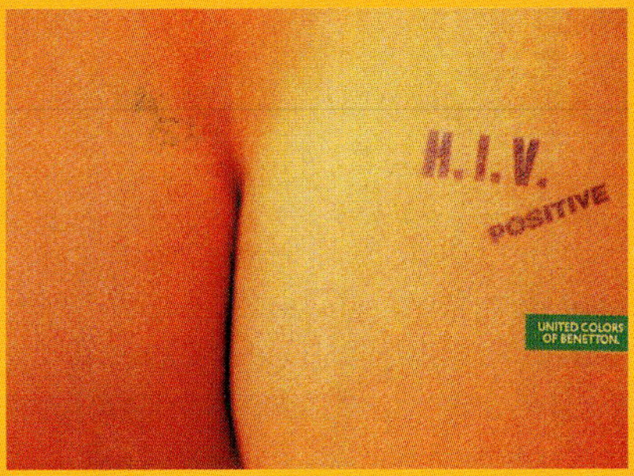

- Welche Worte stimmen mit Ihrer momentanen Haltung gegenüber dem Tod am ehesten überein?
- Welche Aussagen sind für Sie unverständlich? Welche halten Sie für falsch oder schädlich? Welche erregen ihren Unmut? Benutzen Sie die Zeichen +; –; ?
- Tauschen Sie sich mit ihrem Nachbarn über Ihre Eindrücke aus. Gestalten Sie gemeinsam eine Collage mit Wort und Bild zum Thema Tod und Leben und stellen Sie diese der Klasse vor.

Was ist das Leben? – Der Tod und der Gänsehirt

Einmal kam der Tod über den Fluss, wo die Welt beginnt. Dort lebte ein armer Hirt, der eine Herde weißer Gänse hütete. »Du weißt, wer ich bin, Kamerad?« fragte der Tod. »Ich weiß, du bist der Tod. Ich habe dich auf der anderen Seite hinter dem Fluss oft gesehen.« »Du weißt, dass ich hier bin, um dich zu holen und dich mitzunehmen auf die andere Seite des Flusses.« »Ich weiß. Aber das wird noch lange sein.« »Oder wird nicht lange sein. Sag, fürchtest du dich nicht?« »Nein«, sagte der Hirt. »Ich habe immer über den Fluss geschaut, seit ich hier bin, ich weiß, wie es dort ist.« »Gibt es nichts, was du mitnehmen möchtest?« »Nichts, denn ich habe nichts.« »Nichts, worauf du hier noch wartest?« »Nichts, denn ich warte auf nichts.« »Dann werde ich jetzt weitergehen und dich auf dem Rückweg holen. Brauchst du noch etwas, wünschst du dir noch was?« »Brauche nichts, hab' alles«, sagte der Hirt. »Ich habe eine Hose und ein Hemd und ein paar Winterschuhe und eine Mütze. Ich kann Flöte spielen, das macht lustig. Meine Gänse verstehn nicht viel von Musik.«

Als dann der Tod nach langer Zeit wiederkam, gingen viele hinter ihm her, die er mitgebracht hatte, um sie über den Fluss zu führen. Da war ein Reicher dabei, ein Geizhals, der zeit seines Lebens wertvolles und wertloses Zeug an sich gerafft hatte: Klamotten, auch Gold und Aktien und fünf Häuser mit etlichen Etagen.

Der Mann jammerte und zeterte: »Noch fünf Jahre, nur noch fünf Jahre hätte ich gebraucht, und ich hätte noch fünf Häuser mehr gehabt. So ein Unglück, so ein Unglück, verfluchtes!« Das war schlimm für ihn.

Ein Rennfahrer war unter ihnen, der zeit seines Lebens trainiert hatte, um den großen Preis zu gewinnen. Fünf Minuten hätte er noch gebraucht bis zum Sieg. Da erwischte ihn der Tod.

Ein Berühmter war dabei, dem ein Orden gefehlt hatte, da holte ihn der Bruder Tod. Das war schlimm für ihn.

Käthe Kollwitz, Ruf des Todes (Selbstbildnis, 1934), © akg-images

Dann war da ein junger Mensch, der hatte an seiner Braut gehangen, denn sie waren ein Liebespaar gewesen, und keiner konnte ohne den anderen leben.

Ein schönes Fräulein war dabei mit langen Haaren. Und viele Reiche, die jetzt nichts mehr besaßen, was sie gerne hätten haben wollen.

Ein alter Mann war freiwillig mitgegangen. Aber auch er war nicht froh, denn siebzig Jahre waren vergangen, ohne dass er das bekommen hatte, was er hatte haben wollen. Schlimm für sie alle.

Als sie an den Fluss kamen, wo die Welt aufhört, saß dort der Hirt. Und als der Tod ihm die Hand auf die Schulter legte, stand er auf, ging mit über den Fluss, als wäre nichts, und die andere Seite hinter dem Fluss war ihm nicht fremd. Er hatte Zeit genug gehabt, hinüberzuschauen, er kannte sich hier aus, und die Töne waren noch da, die er immer auf der Flöte gespielt hatte; er war sehr fröhlich. Das war schön für ihn. Was mit den Gänsen geschah? Ein neuer Hirte kam.

Aus: Janosch erzählt Grimms Märchen, Beltz & Gelberg, Weinheim/Basel.

- Fassen Sie die Grundaussage des Textes in einem Satz zusammen.
- Warum fällt es nach Aussage des Textes dem Gänsehirt leicht zu »gehen«?
- Was gehört für Sie zu einem gut gelebten Leben?
- Welche Aussage zum »Leben« entdecken Sie in Ihrer eigenen Collage (siehe Aufgabe auf Seite 5)?

Was ist der Tod? – Ein Fragebogen

1. Haben Sie Angst vor dem Tod und seit welchem Lebensjahr?

2. Was tun Sie dagegen?

3. Haben Sie keine Angst vor dem Tod (weil sie materialistisch denken, weil Sie nicht materialistisch denken), aber Angst vor dem Sterben?

4. Möchten Sie unsterblich sein?

5. Haben Sie schon einmal gemeint, daß Sie sterben, und was ist Ihnen dabei eingefallen?

a. was Sie hinterlassen?

b. die Weltlage?

c. eine Landschaft?

d. daß alles eitel war?

e. was ohne Sie nie zustande kommen wird?

f. die Unordnung in den Schubladen?

6. Wovor haben Sie mehr Angst: daß Sie auf dem Totenbett jemand beschimpfen könnten, der es nicht verdient, oder daß Sie allen verzeihen, die es nicht verdienen?

7. Wenn wieder ein Bekannter gestorben ist: überrascht es Sie, wie selbstverständlich es Ihnen ist, daß die anderen sterben? Und wenn nicht: haben Sie dann das Gefühl, daß er Ihnen etwas voraushat, oder fühlen Sie sich überlegen?

8. Möchten Sie wissen, wie Sterben ist?

9. Wenn Sie sich unter bestimmten Umständen schon einmal den Tod gewünscht haben und wenn es nicht dazu gekommen ist: finden Sie dann, daß Sie sich geirrt haben, d. h. schätzen Sie infolgedessen die Umstände anders ein?

10. Wem gönnen Sie manchmal Ihren eigenen Tod?

11. Wenn Sie gerade keine Angst haben vor dem Sterben: weil Ihnen dieses Leben gerade lästig ist oder weil Sie gerade den Augenblick genießen?

12. Was stört Sie an Begräbnissen?

13. Wenn Sie jemand bemitleidet oder gehaßt haben und zur Kenntnis nehmen, daß er verstorben ist: was machen Sie mit Ihrem bisherigen Haß auf seine Person beziehungsweise mit Ihrem Mitleid?

Otto Dix, Bildnis des Dichters Max Frisch, 1967, © akg-images

14. Haben Sie Freunde unter den Toten?

15. Wenn Sie einen toten Menschen sehen: haben Sie dann den Eindruck, daß Sie diesen Menschen gekannt haben?

16. Haben Sie schon Tote geküßt?

17. Wenn Sie nicht allgemein an Tod denken, sondern an Ihren persönlichen Tod: sind Sie jeweils erschüttert, d. h. tun Sie sich selbst leid oder denken Sie an Personen, die Ihnen nach Ihrem Hinscheiden leidtun?

18. Möchten Sie lieber mit Bewußtsein sterben oder überrascht werden von einem fallenden Ziegel, von einem Herzschlag, von einer Explosion usw.?

19. Wissen Sie, wo Sie begraben sein möchten?

20. Wenn der Atem aussetzt und der Arzt es bestätigt: sind Sie sicher, daß man in diesem Augenblick keine Träume mehr hat?

21. Welche Qualen ziehen Sie dem Tod vor?

22. Wenn Sie an ein Reich der Toten (Hades) glauben: beruhigt Sie die Vorstellung, daß wir uns alle wiedersehen auf Ewigkeit, oder haben Sie deshalb Angst vor dem Tod?

23. Können Sie sich ein leichtes Sterben denken?

24. Wenn Sie jemand lieben: warum möchten Sie nicht der überlebende Teil sein, sondern das Leid dem andern überlassen?

25. Wieso weinen die Sterbenden nie?

Aus: Max Frisch, Tagebücher 1966–1971, © Suhrkamp Verlag, Frankfurt a. M.

■ Der Schriftsteller Max Frisch (1911–1991) hat in seinem »Tagebuch 1966–1971« diesen Fragebogen zum Thema »Tod« veröffentlicht. Zu diesem Fragebogen gibt es keine Auswertung, keine richtigen oder falschen Antworten. Welche Antworten haben Sie?

■ Für manche Menschen sind einige dieser Fragen provokant. Welche Fragen halten Sie für eine Zumutung? Welche erscheinen Ihnen hilfreich? Welche wichtigen Fragen zum Thema »Tod« fehlen auf diesem Fragebogen Ihrer Meinung nach?

Einer der letzten Fixsterne aus einem goldenen Zeitalter erloschen

Ein leicht unterkühlter Septembertag. Der Münchner Oberbürgermeister Hans-Jochen Vogel in der goldenen Amtskette, Schriftsteller, Maler, bunt zusammengewürfeltes Schwabinger Volk, Freunde, Verehrer, Zufallstrauernde. Zur großen Abschieds-Réunion waren sie in den Münchner Nordfriedhof gekommen, um Peter Paul Althaus, dem Poeten Schwabings, das letzte Geleit zu geben. Es war der 20. September 1965.

Schon viele Monate vorher hatte er zu mir gesagt, und das klang halbwegs bayrisch: »I mag nimmer.« Runde sechs Jahre lebte PPA (so nannten ihn seine Freunde) als Eremit zurückgezogen in seiner Wohnung Trautenwolfstraße 8. Die trotzige Ablehnung Schwabings, so wie es sich heute darbietet, aufgeputzt als Touristenrummel, war das eine Motiv für diesen Rückzug; das andere die fortschreitende Krankheit, die schließlich mit dem schmächtigen Körper und der verlorenen Lust am Dasein leichtes Spiel hatte. Also sprach der Oberbürgermeister:

»Für München war er die Inkarnation und zugleich die höchste Autorität Schwabings. Und wenn es wahr ist, dass Schwabing die Unruh[1] der Münchner Uhr bildet, dann war Peter Paul Althaus einer der Edelsteine[2], auf denen sie gelagert ist … Mit seiner Traumstadt[3] entwarf er ein Idealbild Schwabings, an dem das wirkliche Schwabing immer wieder gemessen wurde …«

Viel Ehre für einen Mann, der Gedichte schrieb, und ein Lob wohl auch für jenes, sonst viel gelästerte Schwabing, das noch viele stille Straßen und Fassaden ohne Lichtreklamen hat und darüber einen eigenen Himmel. Nun war mit PPA, einem der letzten aus dem goldenen Zeitalter, ein Fixstern an diesem Himmel erloschen. Oft kreisten seine Gedanken, wenn ihn Freunde besuchten, um das Jenseitige, Paraphrasen um das Andere. Aber nicht Furcht vor dem Tod schien ihn zu bedrängen. Alles fließt, heißt es bei Heraklit, und wie ein Mensch, der in seinen letzten Dingen Ordnung haben will, interessierte ihn seine letzte Ruhestätte. Auf seine Veranlassung kam eines Tages ein sich höflich verneigender Beamter der Friedhofsverwaltung zu ihm, breitete einen Lageplan mit den noch unbesetzten Plätzen aus und sagte: »Wie mir mitgeteilt wurde, wollen Sie sich rechtzeitig informieren.« PPA beugte sich interessiert über die Karte mit den vielen eingezeichneten Rechtecken, fuhr mit dem Finger die Reihen entlang. Doch schien er sich nicht ohne weiteres schlüssig werden zu können. Da wollte ihm der Besucher die Wahl erleichtern und meinte: »Also empfehlen könnte ich Ihnen unter anderem …«

[1] Leicht gelagerter radförmiger Metallring in einem mechanischen Uhrwerk, dessen von einer Spiralfeder in Gang gebrachte Schwingungen die genaue Zeitmessung regelt.

[2] Um einen möglichst geringen physikalischen Widerstand zu haben, ist die Unruh eines mechanischen Uhrwerks auf kleinen Edelsteinen gelagert.

[3] Bezieht sich auf Peter Paul Althaus 1951 erschienenen Gedichtband »In der Traumstadt«, der ihn zu einer »Institution« in Schwabing und zum »Bürgermeister der Traumstadt« (Hans Jochen Vogel) machte.

September

September ist der schönste Mond zu
Sterben.
Die Ernte ist nun eingebracht.
Die Spechte noch nach müden
Borkenkäfern kerben,
die aber wittern schon die lange
Winternacht.
Die Wälder sich ganz mählich
färben;
im Norden warten schon die herben
Oktoberlüfte, eh sie bitter gerben.
Dies sagt ein alter Mann,
der allzu oft gewacht
und über allzuvieles nachgedacht:
September ist der schönste Mond
zu Sterben.

Peter Paul Althaus

Peter Paul Althaus (1892–1965) war Kabarettist, Hörspielautor und Dichter. In Münster/Westfalen geboren und aufgewachsen, übersiedelte er 1922 nach München und fand dort Anschluss an die Schwabinger Künstlerzirkel. »PPA«, wie er sich selbst nannte, war Mitbegründer des Kabaretts »Der Zwiebelfisch«. In Schwabing war Althaus nach dem Zweiten Weltkrieg eine anerkannte Berühmtheit. Er ruht in einem Ehrengrab der Stadt München auf dem Nordfriedhof.

- Sammeln Sie Todesanzeigen. Welche unterschiedlichen Metaphern und Sprachbilder finden sich in dem Text? Erstellen Sie eine Tabelle. Welchen Deutungshintergrund oder Erklärungshorizont des Sterbens vermuten Sie hinter einzelnen Sprachbildern?
- Vergleichen Sie die Ausdrucksformen der Todesanzeigen mit Beschreibungen und Umschreibungen in der Umgangssprache. Wie erklären Sie sich die Unterschiede? Welche Worte würden Sie in ihrem Nachruf/Ihrer Todesanzeige einmal gerne genannt wissen?

Erinnerung an Alexander Köll

Die Schwester Sabrina erzählt:

Wie alles anfing

Es begann am 20. Juni 2006, als Alex wegen Verdacht auf Leistenbruch in den Krankenstand ging. Die Vertretung von unserem Hausarzt schickte Alex wegen Verdacht auf Blinddarm oder Leistenbruch ins Krankenhaus Zams. Da diese aber nichts feststellen konnten, wollten sie ihn wieder arbeiten schicken. Unser Hausarzt meinte sogar, dass er sich die Schmerzen nur einbilde, weil er vielleicht Stress auf der Arbeit hat. Auch wurde uns ein Termin bei einem Orthopäden vorgeschlagen, wo die Wartezeit jedoch zwei Monate betragen hätte. Nach einem Gespräch mit unserem Arzt beschlossen wir ein weiteres Mal ins Krankenhaus zu fahren und eine CT-Untersuchung zu machen. Nach der CT kam der Professor zu Alex und Mama und erklärte, dass es sich um eine ernste Krankheit handelt, und er würde sich sofort mit dem Landeskrankenhaus Innsbruck in Verbindung setzen und uns später anrufen. Im Laufe des Nachmittags tat er dies und forderte Mama auf, nochmals zu kommen, da er einen Termin mit Innsbruck am nächsten Tag um 11:00 Uhr vereinbart hatte.

Der nächste Tag

Mama fuhr mit unserer Nachbarin nach Zams, wo sie die Papiere und den Transportschein abholen sollte. Auf Mamas Frage, um welche Krankheit es sich handele, bekam sie eine »Boden wegreißende Antwort«: Ihr Sohn hat einen Tischtennis-Ball großen Tumor auf dem Schambein, es wird eine harte Zeit auf Sie zukommen!

Der Professor riet meiner Mama, Alex noch nichts von der schlechten Nachricht zu erzählen, er würde es noch früh genug erfahren. Mit diesem Wissen fuhr sie nach Hause und sofort mit Alex in das Landeskrankenhaus Innsbruck. Dort wurde er zuerst wegen der starken Schmerzen behandelt, da diese schon zu Hause für ihn völlig unerträglich waren, sodass er manchmal auf die Tür einschlug und auch nicht mehr wusste, wie er schlafen sollte.

Außerdem wurde ihm eine Gewebeprobe entnommen, um zu sehen, ob der Tumor gut- oder bösartig ist. Auf den Befund warteten wir etwa zwei Wochen, die Alex im Krankenhaus verbringen musste. Die Diagnose war niederschmetternd: Es handelte sich um ein Ewing Sarkom, ein sehr seltener und sehr bösartiger Tumor mit nur sehr geringen Heilungschancen. Metastasen hatten sich bereits im Kopf, Nacken, Schulter, Wirbelsäule und Becken ausgebreitet!

In dieser Nacht schlief unsere Mutter bei Alex im Krankenhaus – es waren sehr viele Fragen von ihm zu beantworten, worauf sie jedoch keine Antworten wusste.

www.erinnerung-an-alexander.com

Kirchliche Bestattungsformen im Wandel

Die neuen evangelischen Bestattungsagenden nehmen in ihrem Aufbau die seit den siebziger Jahren elementare Grundstruktur des Gottesdienstes auf. So entsteht ein einfacher und auch psychologisch nachvollziehbarer Ablauf:

Gottesdienst	Bestattung
Eröffnung und Anrufung	sich miteinander vor Gott versammeln
Verkündigung und Gebet	das Wort Gottes hören
Abschied und Bestattung	Abschied nehmen und loslassen
Sendung und Segen	mit Gottes Verheißung und Segen in den Alltag zurückkehren

In konzentrierter Form wird damit ein Übergangsritual vollzogen, das einen Trauerweg mit einzelnen Phasen enthält und den Prozess spiegelt, den Trauernde erleben. Das seelsorgliche Anliegen des Bestattungsgottesdienstes tritt deutlich in Erscheinung. Das Ritual hat Platz für Klagen und Schweigen, Worte und Zeichen der Hoffnung, Gesten des Loslassens und des Segnens. Der Kernritus ist der Vorgang des Begräbnisses und die so genannte Anbefehlung: »Wir legen die Tote/den Toten in ihr/sein Grab.«

Dabei wird Gott angerufen, unter dreimaligem Erdaufwurf mit der Bestattung begonnen, dem sichtbaren Sterben die Verheißung der Auferstehung entgegengesetzt und die/der Tote der Gnade Gottes anbefohlen.

Der gesamte Bestattungsgottesdienst in seinen verschiedenen Teilen entfaltet letztlich diesen Ritus mit seiner charakteristischen Bewegung von Abschiednehmen und Loslassen einerseits sowie Anbefehlen und vertrauensvoller Übergabe andererseits.

Der Weg von der Kapelle/Friedhofshalle zum Grab ist neben dem eigentlichen Begräbnis der Teil, in dem der Prozess des Abschieds sinnenfällig wird. Wo dieser »Weg« – wie bei der Kremation (Einäscherung) – sich äußerlich nicht so unmittelbar sinnlich erschließt, verlangt dies für die liturgische Gestaltung besondere Aufmerksamkeit.

Was ist ein Ritus?

Der Ritus ist die als zur Regelform gewordene Ablaufganzheit eines als korrekt geltenden Verhaltens. In diesem Sinn ist im Grunde das ganze Brauchtum von Menschen bei Geburt, Initiation, Hochzeits- und Totenbräuchen ritualisiert. Das Verhalten von Menschen orientiert sich dabei an Handlungsmustern, die den Stempel sozial gebilligter Richtigkeit tragen. Ein religiöser Ritus gilt nicht nur als von der Gruppe bestätigt, sondern folgt bestimmten Regeln mit dem Verständnis, es in dieser Form mit dem Heiligen zu tun zu bekommen.

Titelseite einer Werbebroschüre der Firma RuheForst GmbH, die mehrere Bestattungswälder in Deutschland bewirtschaftet (www.erbacher-ruheforst.de).

»Friedwald«
Beisetzung im Wurzelwerk

Der Schweizer Ueli Sauter, Elektroingenieur mit empfindlichen Sensoren für die Esoterik – ein guter Geschäftsmann ist er auch – hatte 1993 eine inzwischen patentierte Idee. Ein Freund war damals gestorben, der die Beisetzung seiner Asche in den Schweizer Bergen wünschte. Sauter, der wusste, dass Asche bisweilen auch als Dünger genutzt wird, assoziierte schließlich Totenasche, in Baumwurzeln eingebracht, mit der anschaulichen Symbolik von einem neuen Leben, das aus ihr hervorgeht: Der Baum als Synthese zwischen Tod und Leben, als natürliches, individuelles und stetig wachsendes Denkmal eines verstorbenen Menschen. Die Vision des alternativen »Friedwaldes« – in Analogie zum Friedhof – war entstanden.

- Informieren Sie sich über diese Bestattungsformen und finden Sie eine Definition für: Erdbestattung – Feuerbestattung – Seebestattung – Anonyme Bestattung.
- Entdecken Sie die unterschiedlichen Zugänge zum Thema »Bestattung« in den beiden gegensätzlichen Texten. Verwenden Sie in Ihrer Beschreibung die Worte: individuell – auf den Einzelnen bezogen – gemeinschaftlich getragen – aus der Tradition heraus gewachsen – aktuelle Gestaltung.

Der Trauer eine Heimat geben

Wenn jemand den Beruf des Bestatters ergreift, ist die Frage nach dem »Warum« natürlich nahe liegend. Um diese Frage, die mir übrigens sehr häufig gestellt wird, zu beantworten, möchte ich Ihnen erzählen, wann und in welcher Form mir der Tod das erste Mal begegnete: Ich bin auf einem Bauernhof im Bergischen Land aufgewachsen. Als ich sechs Jahre alt war, starb meine Großmutter. Nachdem die Tote von ihren Schwiegertöchtern angezogen worden war, kam sie in das »gute Zimmer«, in den Raum der Weihnachtsfeste und großen Familienfeiern. Jeder, der bei ihr sein wollte, konnte sie anfassen, den Tod berühren, sehen und riechen. Das Leben im Haus ging weiter! Trauer war eine Sache der Gemeinschaft. Der Tod gehörte ins Alltagsleben und war für jeden erfahrbar.

Und heute? Heute werden den Menschen ihre Toten gestohlen. Peter M. ist nach einem langen Krebsleiden im Krankenhaus gestorben. Der diensthabende Arzt verständigt die Angehörigen. Wenn überhaupt, dann bleibt zum Abschied vom Ehemann, Bruder und Papa nur ein kurzer Blick im gekachelten Keller der Klinik. Pietät, Pfarrer und Friedhofsverwaltung stellen Fragen. Die Hinterbliebenen sollen Antworten geben, und zwar schnell. Wann soll Peter M. beerdigt werden? Wie? Und wo? Die Dienstleistungs- bzw. Entsorgungsmentalität, die an der Schnittstelle zwischen Leben und Tod herrscht, aber auch der Kult, den wir um Höchstleistung und »ewige Jugend« veranstalten, haben dazu geführt, dass viele den Tod häufig nur noch vom Hörensagen kennen. Ein weiterer Grund liegt in unserem Konsumverhalten, unserem Glauben, alles ersetzen, neu kaufen zu können. Wir leben, als gebe es keine Grenzen. Der Tod ist eine natürliche Grenze. Weil er nicht abzuschaffen ist, muss man ihn tabuisieren und totschweigen, damit sich möglichst niemand beim stetigen Konsum gestört fühlt.

Bis zu ihrem 18. Lebensjahr sehen Kinder und Jugendliche 250.000 Tote im Fernsehen, aber sie wachsen auf, ohne zu wissen, was Tod bedeutet, ohne einen verstorbenen Verwandten oder Freund noch einmal gesehen zu haben. Auch die Enkel von Peter M. bekommen nicht die Chance, von ihrem geliebten Großvater würdig Abschied zu nehmen.

Titelseite einer Werbebroschüre des »Hauses der menschlichen Begleitung« in Bergisch-Gladbach (www.puetz-roth.de).

Mit der Witwe und den beiden erwachsenen Kindern von Harald F. führen wir ein ausführliches Gespräch über den Verstorbenen. Wir möchten genau wissen, wen wir auf seinem letzten Weg begleiten. Wir schlagen den Angehörigen vor, den Toten in seiner Lieblings- bzw. Alltagskleidung zur letzten Ruhe zu betten. Nahe Angehörige ermuntern wir, bei der Totenwäsche behilflich zu sein. Harald F. wird in einem hellen, freundlichen Raum, in einem Lebensraum aufgebahrt, seine Angehörigen und Freunde können Stunden, wenn sie es wünschen, auch Tage, mit dem Toten zusammen sein, sie können den Toten berühren, ihm Gegenstände, die ihm wichtig waren, als Beigaben in den Sarg legen.

Die Trauernden können Musik hören, lesen, schweigen, reden, schreien, lachen. Erlaubt ist alles, was nicht gegen die guten Sitten verstößt. Bei uns trauern die Menschen ohne Normen und Vorschriften. Wenn man jemand liebt, lässt man sich ja auch nicht diktieren, wie man dieses Gefühl ausleben soll. Trauer ist für mich eine besondere Form der Liebe. Trauerliebe, wie ich sie nenne, verlangt deshalb eine besondere Form des Ausdrucks. Und dafür habe ich im Haus der menschlichen Begleitung Räume geschaffen. Ich möchte, dass jeder, der zu uns kommt, sein ganz individuelles Abschiedsritual entdeckt. Ich möchte der Trauer eine Heimat geben.

Die Erinnerung an den offenen lebensbejahenden Umgang, den ich in meiner Familie als Kind mit Trauer und Tod machen durfte, haben mich zugreifen lassen, als mir im Verlauf meiner Karriere als Unternehmensberater ein Bestattungshaus zum Kauf angeboten wurde. Menschen in den schweren Stunden des Lebens beizustehen, sie zu unterstützen, ist für mich viel mehr als nur ein Beruf, es ist für mich eine wirkliche Berufung.

Fritz Roth, Bestattung und Trauerbegleitung, Bergisch-Gladbach

- Haben Sie selbst schon Beerdigungen/Abschiede erlebt? Was war für Sie schwer? Was war hilfreich?
- Welchen Stellenwert haben Beerdigungen in der Gesellschaft?
- Informieren Sie sich mit Hilfe der Seiten 36ff. über Bestattungsrituale anderer Religionen und Gesellschaften und vergleichen Sie diese mit den bei uns üblichen.
- Versuchen Sie mit eigenen Worten zu beschreiben: Wie findet eine Beerdigung statt?

Sterben früher

Rainer Maria Rilke schreibt zu Beginn des 20. Jahrhunderts:

»Jetzt wird in 559 Betten gestorben. Natürlich fabrikmäßig. Bei enormer Produktion ist der einzelne Tod nicht so gut ausgeführt, aber darauf kommt es auch nicht an. Die Masse macht es. Wer gibt heute noch etwas für einen gut ausgearbeiteten Tod? Niemand. Sogar die Reichen, die es sich doch leisten könnten, ausführlich zu sterben, fangen an nachlässig und gleichgültig zu werden; der Wunsch, einen eigenen Tod zu haben, wird immer seltener.«

Aus: Rainer Maria Rilke, Die Aufzeichnungen des Malte Laurids Brigge (1910), München 1962, S. 10

Media vita in morte sumus. Dazu diutet sich alsus, daz wir in dem tôde sweben, sô wir aller besten waenen leben, mahnt Hartman van Aue in seiner höfischen Dichtung »Der arme Heinrich«, und er schlägt damit ein Thema an, das schon im frühen Mittelalter in geistlichen Liedern behandelt ist und sich seither wie ein Cantus firmus durch die lateinische und deutsche geistliche wie weltliche Literatur gezogen hat. Noch Luther dichtete sein Kirchenlied »Mitten im Leben sind mit dem Tod umfangen«, und auch das berühmte »Memento mori« (»Gedenke des Todes«) des Barockzeitalters zehrt von diesem mittelalterlichen Erbe.

Eindrücklich ist dem mittelalterlichen Menschen durch Geistliche und durch Dichter immer wieder die Hinfälligkeit und Gefährdung des Lebens vor Augen gehalten und der Tod als Weggefährte des Menschen ins Bewusstsein gerückt worden. Dabei hätte es – könnte man meinen – solcher beständigen Mahnung kaum bedurft, denn der mittelalterliche Mensch wurde im täglichen Leben in viel höherem Maße mit dem Tod konfrontiert, als das in unseren Tagen der Fall ist.

Pastor Heinrich Albertz (1915–1993) erinnert sich:

Ich erinnere mich an den Tod meines Vaters. Ich war damals acht Jahre alt und wurde in der Nacht von meiner Mutter geweckt: Komm, Vater stirbt nun ...; und ich ging an ihrer Hand in das Zimmer, in dem er lag. Zu Hause natürlich, umgeben von einem Teil der Familie, der anwesend sein konnte. Wir sangen Lieder, die er besonders geliebt hatte, und beteten das Vaterunser. Alles war ein natürlicher, für die unmittelbar Beteiligten anschaubarer und selbst für das Kind zu verstehender Vorgang. Der Tod spielte sich ab an dem Ort, wo der Sterbende gelebt und gearbeitet hatte, als ein Ende eben dieses täglichen Lebens. Dabei war selbst mit dem Kind seit Tagen darüber gesprochen worden, dass dieses Ende nun bald kommen würde und dass wir uns darauf einzustellen hätten, und auch der Sterbende wusste es. Dies war im Jahre 1923. Und so sehr es auch stimmen mag, dass es diese Art von Sterben auch heute noch in ganz wenigen Einzelfällen gibt, so klingt die Geschichte doch wie ein Märchen aus einer anderen Welt. Heute wird in Krankenhäusern gestorben. Meistens sind die Sterbenden in ihren letzten Minuten völlig allein – in vielen Fällen abgestellt in einem unwürdigen Raum, den sie zwar in aller Regel nicht mehr kennen, aber der doch förmlich Fremdheit und Kälte ausstrahlt.

Aus: Heinrich Albertz, Am Ende des Weges. Nachdenken über das Alter, Kindler Verlag, München 1989

Sterben heute

Vier von sieben Sterbenden sind in den letzten Stunden allein, umgeben nur noch von Technik. Die Gesellschaft verdrängt das Thema Tod – die Ärzte sehen in ihm eine Niederlage. Doch nun haben Mediziner begonnen, auch die letzten Phasen des Sterbens zu erkunden, und plädieren für einen menschenwürdigeren Tod.

Ein Leben lang hat Georg Zehentbauer um jedes Krankenhaus einen Bogen gemacht. Als der alte Mann, Anfang Februar dieses Jahres, zum ersten Mal eine Klinik von innen sah, hätte er wohl gern genauer hingeschaut, aber seine Brille mit den dicken Gläsern hatte der »Rot-Kreuz-Fahrer« in eine Plastiktüte gesteckt und die Zahnprothese auch. So wurde Georg Zehentbauer, 84, blind gemacht und ziemlich stumm dazu.

Was »Opa«, so hieß er von nun an, sagen wollte, blieb ungehört. Die Krankenschwester, erst vor kurzem aus dem Norden auf die süddeutsche Intensivstation verschlagen, wurde aus seinem »Genuschel« schon des Dialekts wegen nicht klug. Für den diensthabenden Arzt war die Sache ohnehin klar. »Apoplexie, Hemiplegie links«, stand auf dem roten Einweisungsschein, und das war, sagt der Doktor, 29, »ausnahmsweise die richtige Diagnose«. »Wenn jemand einen Schlaganfall hat und halbseitig gelähmt ist«, erläutert Georg Zehentbauers Arzt ganz allgemein, »dann bringt uns eine Unterhaltung mit dem Patienten ja nicht weiter.«

Also hat er es nicht erst versucht, sondern gleich tatkräftig Hand angelegt: In den linken gelähmten Arm eine Kanüle gestochen und einen dünnen Plastikschlauch 60 Zentimeter weit in die Vene vorgeschoben; gemeinsam mit der Schwester drei Elektroden auf der Brust befestigt; um den rechten Arm die Blutdruckmanschette gewickelt; die Harnblase mit einem keimfreien Dauerkatheder versorgt; eine biegsame Sonde durch die Nase, Rachenraum und Speiseröhre bis in den Magen geführt und schließlich »zehn Minuten auf den Neurologen gewartet«. Auch dieser Experte, ein Facharzt, hat Opas Erkrankung »auf den ersten Blick bestätigt«.

Seit Opas Einlieferung auf die Intensivstation ist jeder Tag besser dokumentiert als die ganzen 84 Lebensjahre davor. Der Herzschlag, im Februar fest und regelmäßig, zeichnete Sekunde für Sekunde eine tiefgrüne Lichtspur auf den dunklen Fernsehschirm des Monitors. Bei Unregelmäßigkeiten, seit Anfang März nachweisbar, schaltete sich vollautomatisch die Herzstromschreibung ein. Schwarz auf weiß festgehalten ist auch, wie Opas Körpersäfte auf die Blutung im Gehirn reagieren: Jede Verschiebung des Natrium- oder Kaliumspiegels, der Leberwerte, der roten Blutkörperchen samt ihrer Unterarten, der harnpflichtigen Substanzen und des Harnwassers ist registriert. Dazu Körpertemperatur, Atemfrequenz, Urinmenge, alles mehrmals täglich, manches alle Stunde. Auffällige Befunde wurden umgehend therapiert, insgesamt 37 verschiedene Arzneistoffe, darunter Teuerstes und Bestes, wurden injiziert.

Der alte Mann hat davon bald nichts mehr gemerkt. Sein Zeitsinn ging verloren. Die Taschenuhr war ohnehin in der Plastiktüte und zudem längst stehen geblieben. Wie hätte Opa sie auch halten sollen? Der linke Arm gelähmt, der rechte festgebunden, damit er die Kanülen und Sonden, die elektronischen Fühler an Brust und Kopf nicht abreißt. Und außerdem: Auf einer Intensivstation wird es nicht Tag noch Nacht, gibt es kein Morgenrot und keine Abenddämmerung, nur Neonlicht, weiße Wände und undurchsichtige Scheiben, die nicht zu öffnen sind, weil die Klimaanlage das nicht verträgt.

Auf »Intensiv-« und »Wachstationen«, welche die Bundesrepublik mittlerweile so dicht überziehen, als wären sie die Knoten im sozialen Netz, isst man nichts, dort wird man durch Sonden ernährt. »Schmerzen«, versicherten die behandelnden Ärzte, »hatte er natürlich nicht.« Anfänglich nahmen starke Schmerz- und Beruhigungsmittel, später die fortschreitende Zerstörung des Gehirns, verbunden mit Bewusstlosigkeit, dem Sterbenskranken Schmerz und Angst.

An einem Dienstag im April ist Georg Zehentbauer, 84, nach sieben Wochen Intensiv-Behandlung gestorben. Es war ein Sterben ganz im Stil der Zeit: im Krankenhaus, unter Neonlicht, nach wochenlangem Kampf zwischen den Ärzten und dem Tod.

Aus: Der Spiegel 27/1977, 158f.

■ Vergleichen Sie den Text »Sterben heute« mit dem von Heinrich Albertz (S. 12). Halten Sie die Unterschiede in einer Tabelle fest. Welche Veränderungen in der Gesellschaft, Familie, Medizin, Haltung zum Sterben haben zu diesen Unterschieden geführt? Formulieren Sie in Stichpunkten Vermutungen zu den Ursachen.

■ Besuchen Sie verschiedene Krankenhäuser/Hospize Ihrer Region. Sprechen Sie mit dem zuständigen Personal (vorher Gesprächstermin vereinbaren!) darüber, wie das Sterben in den Klinikalltag eingebettet ist und mit den Sterbenden umgegangen wird. Werten Sie die Gesprächsergebnisse in einer vergleichenden Tabelle/auf einem Plakat aus.

■ Befragen Sie Pflegedienste und Sozialstationen zu ihren Dienstleistungen beim »Sterben daheim«.

■ Erstellen Sie eine Pro- und Contra-Liste zum Thema Sterben im Krankenhaus, Hospiz oder zu Hause.

Ernie stirbt an Aids

Hallo, hier ist Annemarie, ich bin im Krankenhaus ... Ernie geht es nicht gut!« Ihre Stimme klang müde und erschöpft. Sie schien sehr besorgt zu sein. Seitdem ich mit Annemarie Kontakt aufgenommen hatte, hatte sie mich mehrfach auf Besuche bei ihren Patienten oder – wie sie es nennt – ihren »Jungs« mitgenommen. Einige Tage zuvor war einer ihrer Langzeitpatienten gestorben, und ich spürte, wie sie noch darunter litt. Noch ehe ich antworten konnte, brach sie den Anruf ab mit den Worten: »Nun, Kindchen, überlege gut, ob du hierher ins Krankenhaus kommen willst. Ich muss jedenfalls zu Ernie zurück.«

Annemarie sitzt an Ernies Bett. Ihre schwarze Kleidung akzentuiert deutlich ihr silbergraues Haar. Sie ist das einzig leuchtende Element in diesem grässlichen Krankenhauszimmer.

»Ja, Ernie«, sagt sie mit beruhigender Stimme, »ich weiß, du kannst es. Ich weiß, du kannst alles tun, was du willst.« Ernie hat seinen Kopf in den Kissen vergraben. Ein Schlauch verbindet seine Nase mit einem Sauerstoffgerät. Durch sein rastloses Umherdrehen hat er die Krankenhauslaken beiseite geschoben und seinen angeschwollenen Körper, der wie ein Embryo zusammengerollt ist, bloßgelegt. Kaposi-Flecken bedecken seine Beine und Teile seiner Arme. Plötzlich springt Annemarie auf und greift nach einem Tuch. Sie beginnt die Mischung aus Blut und Erbrochenem aufzuwischen, die in kurzen Intervallen aus Ernies Mund über sein Kinn und hinunter auf seinen Schlafanzug rinnt. »Ich glaube, es ist Zeit, dich umzuziehen«, sagt Annemarie, und sie beendet ihr Wischen mit einem feinen Lächeln.

»Mach mich doch los«, antwortet Ernie mit leiser, seltsam klingender Stimme und zieht an dem klappernden Metallgitter des Bettes, an dem seine Handgelenke festgebunden sind. Nachdem Annemarie ihn losgemacht und sein Krankenhaushemd gewechselt hat, fällt Ernie in einen tiefen Halbschlaf, Worte murmelnd, die keinen Sinn außerhalb seiner eigenen Welt machen. [...]

»Ich bin schon von einigen Jungs weggegangen und habe daran gezweifelt, dass sie die Nacht überleben würden, und zwei Wochen später sind wir zum Essen zusammen ausgegangen«, erinnert sie sich. Aber Annemarie hat auch die »andere Seite« gesehen, auf der es kein gemeinsames Essen mehr gab.

»Wenn die Ohrläppchen und die Nasenspitze eine weißliche Farbe annehmen, dann beginne ich die Stunden zu zählen.« Sie weiß dies aus Erfahrung. In den vier Jahren, in denen Annemarie als freiwillige Helferin beim AIDS-Programm des Hospizes von San Francisco mitarbeitet, hat sie mehr als 30 »Jungs« verloren. Mit einigen von ihnen hat sie die letzten Stunden geteilt. »Manchmal kann man sehen, dass sie loslassen wollen, aber irgendetwas lässt sie noch am Leben festhalten«, sagt sie, »sie sind ganz schlecht dran, sie haben Schmerzen, aber da ist irgendeine unerledigte Sache, die sie noch erledigen müssen, bevor sie sich lösen können. Bei Ernie ist es sein Bruder. Er hat ihn seit Jahren weder gesehen noch gesprochen. Kürzlich hat er versucht, ihn zu finden – ohne Erfolg.«

Das Telefon klingelt. Ein Freund von Ernie will wissen, wie es ihm geht. »Du solltest kommen«, sagt Annemarie mit leiser Stimme, »ich glaube, es ist an der Zeit.« Aber Annemarie ist nicht die einzige, die auf den Anruf antwortet. Ernie hat ein Gespräch mit einem Freund begonnen, der nur in seinem Kopf anwesend ist. »Ja, ja«, sagt er und starrt an die Decke, ohne einen festen Punkt wahrzunehmen. »Ja, Jim, ich liebe dich auch, aber ich muss jetzt aufhören ...«. – Annemaries Telefongespräch ist schon lange beendet, während Ernie immer noch versucht, Schluss zu machen: Ich bin müde, ich muss jetzt aufhören ...«, wiederholt er immer und immer wieder. Annemarie hört in solchen Momenten sorgfältig zu. Wenn sie solchen Worten irgendeinen Sinn entnehmen kann, kritzelt sie sie auf ein Stück Papier. »Für seine Freunde«, erklärt sie, »um mit ihnen diese Augenblicke mit Ernie zu teilen, wenn sie nicht hier sein können.«

Die Hospiz-Mitarbeiter verbringen die meiste Zeit in der Wohnung der Patienten. Sie betreuen die Menschen, die ans Bett gebunden sind und im Sterben liegen; die Menschen, die zu Hause sterben möchten und nicht im Krankenhaus. Annemarie verspürt immer noch etwas Angst, bevor sie einen neuen Patienten zum ersten Mal trifft. »Wird er mich akzeptieren? Wird er mit mir zufrieden sein?«, fragt sie sich jedes Mal, ehe sie an der Türglocke schellt.

Jede Wohnung ist so verschieden wie der Mensch, der in ihr lebt. [...]

Es dauert nicht lange bei Annemarie und ihren Jungs, bis sie sich näherkommen. Sie behandelt jeden mit Liebe, Akzeptanz und Fürsorge – genau wie einen Sohn. Annemarie bezieht die Menschen, die für die Kranken wichtig sind, in ihre Fürsorge ein. Sie schließt enge Freundschaft mit der Familie, den Freunden und den Liebhabern ihrer »Jungs«. Sie widmet ihnen dieselbe Fürsorge und Aufmerksamkeit wie ihren Patienten.

Jedes Mal, wenn Annemarie zu einem neuen Patienten Kontakt aufnimmt, weiß sie, dass sie früher oder später einen Freund verlieren wird. »Aber ich denke nicht als erstes an ihren Tod«, sagt sie. »Mein erster Gedanke ist: Wie kann ich es ihm angenehmer machen? Was kann ich tun, um ihm seine Lage zu erleichtern?«.

Ganz allmählich kommt auch das Gespräch auf Gedanken und Gefühle über den Tod, meistens von den Patienten oder ihren Freunden begonnen. Annemarie denkt nicht viel über die emotionalen Belastungen nach, die auf sie zukommen werden. Ihre Überlegungen sind eher praktischer Natur. »Wenn ich an ihren Tod denke, überlege ich, wann es sein wird, wie es sein wird und was ich tun kann, um zu helfen.«

Ein Mann mittleren Alters steht in der Tür von Ernies Krankenhauszimmer mit einem Blumenstrauß, den er vor sein Gesicht hält, um den Ausdruck des Erschreckens und des Schmerzes zu verbergen. Annemarie bemerkt ihn nicht. Schließlich wird er von Bill, Ernies Zimmernachbarn, hereingebracht. Annemarie und Bill umarmen einander lange. »Das ist Don«, stellt er Annemarie den Mann mit den Blumen vor. »Ich habe ihn gerade vom Flughafen abgeholt. Don kommt von Arizona, wo er mit Ernie aufgewachsen ist. Sie kennen einander seit ihrem 14. Lebensjahr.« Don nickt leicht, aber seine Augen, in denen Tränen stehen, starren noch immer ungläubig auf Ernies Bett. Annemarie führt Don an Ernies Seite.

»Ernie«, sagt sie leise, dein Freund Don ist hier, um dich zu besuchen.« Aber Ernie reagiert nicht mehr auf ihre Stimme. Seine Augen sind in die Ferne gerichtet und sein Murmeln ist nicht mehr als eine endlose Folge von Tönen. »Hier«, wendet sie sich an Don, »nimm seine Hand. Ich bin sicher, er kann fühlen, dass du hier bist. Nimm einfach seine Hand und sprich mit ihm.« Annemarie weiß, dass Don nur ein paar Minuten zu spät gekommen ist, um noch von Ernie bewusst wahrgenommen zu werden. Don kämpft noch immer mit den Tränen beim Anblick des kranken Freundes. »Das ist nicht gerecht«, stottert er und wendet sich ab. »Sprich mit ihm«, drängen Annemarie und Bill Don. Ganz zaghaft nimmt Don Ernies Hand und langsam beginnt er mit leiser Stimme zu ihm zu sprechen.

Das Krankenzimmer ist jetzt von Sonne durchflutet. Annemarie und Bill betupfen Ernies Gesicht und Arme mit ein paar Tropfen seines Lieblings-Toilettenwassers, während Don seine Hand streichelt. Die Atmosphäre ist warm und beruhigend. Ernie ist umgeben von einer Welle von Liebe. Es gibt Augenblicke des Lachens und der Tränen. Geschichten werden erzählt und Anekdoten, besondere Augenblicke, die jeder mit Ernie erlebt hatte, werden ausgetauscht. Es gibt Momente der Stille, Ernie lässt ganz und gar los. Sein Murmeln hat aufgehört und sein Atem wird langsamer und langsamer. Annemarie zählt seine Atemzüge – es sind nur noch wenige. Und als Ernies Augen plötzlich für einen Moment weiter werden und ein Schwall von Flüssigkeit seinen Körper verlässt, da geben seine Freunde ihm ihre letzte Botschaft mit auf seinen letzten Weg: »Wir lieben dich!«

Zärtlich drückt Annemarie ihm die Augen zu.

Aus: Johann-Christoph Student, Das Hospizbuch, Freiburg i. Br., [4]1999, 156–160 (gekürzt).

Keith Haring, Silence = Death, 1989, © The Estate of Keith Haring, New York

- Annemarie orientiert sich bei der Begleitung ihrer Sterbenden an den Grundsätzen der Hospizarbeit. Welche Grundsätze vermuten Sie hinter der konkreten Arbeit?
- Der an Aids verstorbene Graffitikünstler Keith Haring hat häufiger Werke zum Thema Homsexualität und Tod geschaffen. Wie interpretieren Sie dieses Werk?

Wie wird Hospizarbeit geleistet?

In Deutschland gibt es zahlreiche Hospize, in denen sterbenskranke Menschen von haupt- und nebenamtlichen Helfern begleitet werden.

Ambulante Hospizarbeit

Ambulante Hospizarbeit ist die Basis und der Schwerpunkt der Hospizangebote. Ehrenamtliche Helfer und Helferinnen versuchen durch individuelle Unterstützung den Kranken das Sterben in gewohnter Umgebung zu ermöglichen und Angehörige und Freunde zu entlasten. Die ehrenamtlichen Helfer kommen aus unterschiedlichen Alters- und Berufsgruppen und sind meistens Frauen. Sie werden ein halbes Jahr in Kursen auf ihre Tätigkeit vorbereitet.

Teilstationäre Hospizarbeit

Tageshospize sind eine Ergänzung zur ambulanten Hospizarbeit. Schwerstkranke können hier tagsüber Aufnahme finden. Es gibt zusätzlich Angebote, um der Gefahr der sozialen Isolation entgegenzuwirken. Dies bietet den pflegenden Angehörigen eine zusätzliche Entlastung.

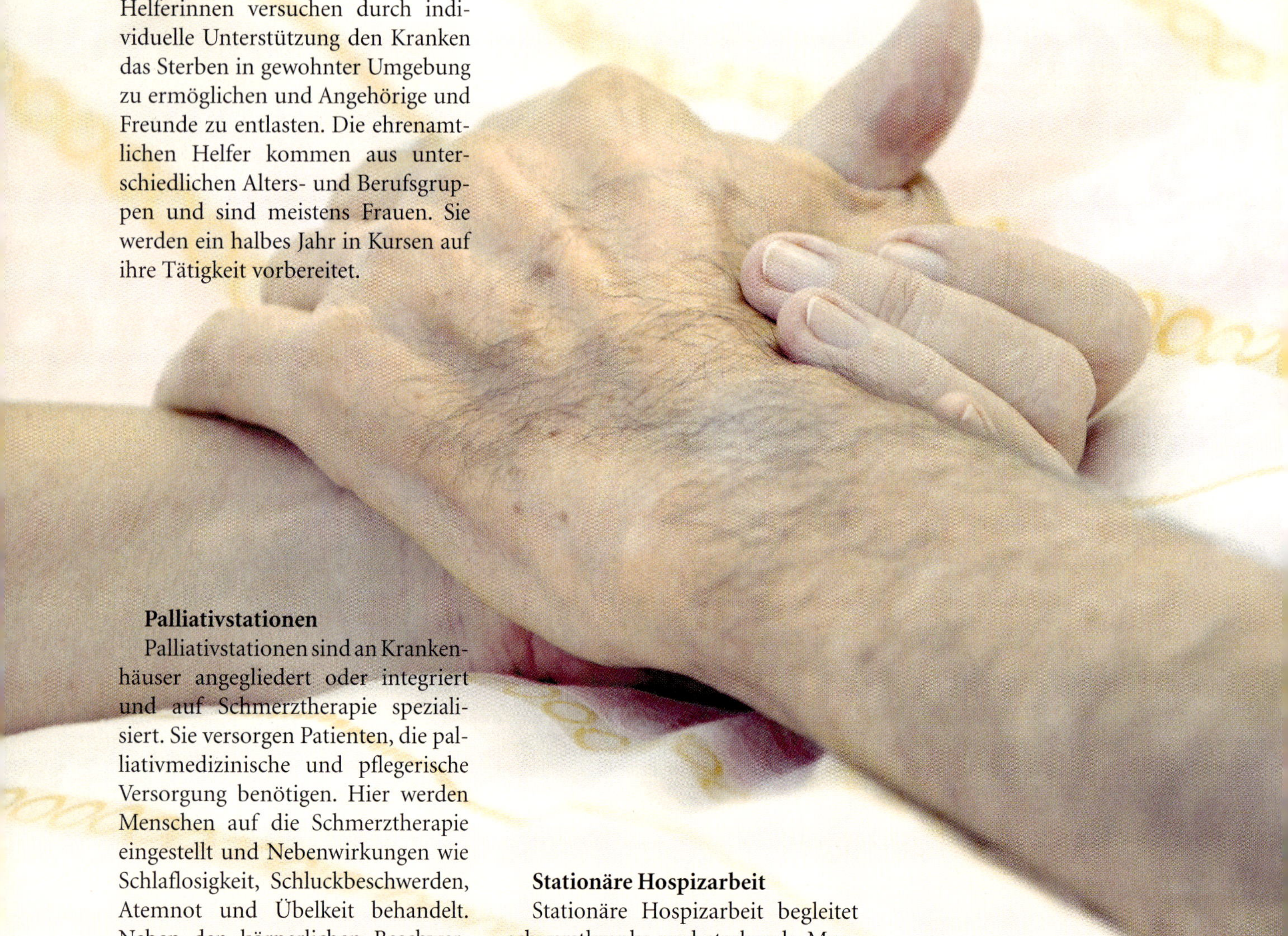

Palliativstationen

Palliativstationen sind an Krankenhäuser angegliedert oder integriert und auf Schmerztherapie spezialisiert. Sie versorgen Patienten, die palliativmedizinische und pflegerische Versorgung benötigen. Hier werden Menschen auf die Schmerztherapie eingestellt und Nebenwirkungen wie Schlaflosigkeit, Schluckbeschwerden, Atemnot und Übelkeit behandelt. Neben den körperlichen Beschwerden werden auch psychosoziale Probleme behandelt. Hauptziel ist es, den Patienten psychisch und psychisch zu stabilisieren, damit ein würdevolles Sterben zu Hause möglich wird. Fachleute aus verschiedenen Disziplinen stehen rund um die Uhr zur Betreuung zur Verfügung.

Stationäre Hospizarbeit

Stationäre Hospizarbeit begleitet schwerstkranke und sterbende Menschen, die keiner Krankenhausbehandlung mehr bedürfen und für die eine ambulante Versorgung daheim nicht möglich ist. Stationäre Hospize bieten eine medizinisch-pflegerische, psychosoziale und seelsorgerliche Begleitung der Kranken rund um die Uhr.

Der »gute Tod« – und was Hospizbewegung und Medizin dabei vermögen

Vor seinem Tod ist der Kranke meist umgeben von fremden Ärzten und Pflegekräften. Schichtdienst und Personalschlüssel diktieren den Rhythmus seines letzten Lebensabschnitts. Angehörige und Freunde werden im Hospitalbetrieb zu Zaungästen. Ebenso hilflos wie der Sterbende stehen sie seinem körperlichen Verfall und dessen oft drastischen Begleiterscheinungen gegenüber, die so gar nichts mit unserer vagen, mehr oder minder naiven Vorstellung von einem »Ende in Würde« zu tun haben.

Oft genug wird die Strecke des Leidens dort noch immer unnötig verlängert. [...] »Das Verhalten des Arztes spiegelt das allgemeine Bedürfnis der Gesellschaft wider, die Macht des Todes und die Endlichkeit des Lebens zu leugnen.« Nirgendwo scheint dieses Streben nach Diskriminierung des Todes stärker ausgeprägt zu sein als dort, wo in unserer Gesellschaft die meisten Menschen sterben: im Krankenhaus. Hier wollen Mediziner heilen; ein sterbender Patient bedeutet Misserfolg. Deshalb wird auch der Sterbende selbst am Ort der Heilung diskriminiert.

Aus dieser Erfahrung heraus gründete die britische Ärztin, Krankenschwester und Sozialarbeiterin Cicely Saunders in einem Londoner Vorort im Jahr 1967 St. Christopher's Hospice, nach dessen Grundsätzen heute Hospize in aller Welt arbeiten: »Hospiz« – vom lateinischen »hospitium« – bedeutet zwar »Herberge«; oberstes Ziel ist jedoch, Todkranken in ihrer vertrauten Umgebung mit einer umfassenden Sterbebegleitung bis zuletzt zur Seite zu stehen. Dies gelingt nur mit einer professionellen, gut ausgebauten ambulanten Hospizpflege. Medizinisch aufs bestmögliche versorgt, erfahren die kranken Linderung ihres körperlichen Leidens. Sie und ihre Angehörigen bekommen darüber hinaus jede pflegerische, soziale, psychologische oder spirituelle Unterstützung. Ist es nicht möglich, einen Patienten zu Hause zu versorgen, kann er in einem stationären Hospiz aufgenommen werden. Der aufgeklärte Patient entscheidet aber immer selbst, wie und wo er seine verbleibende Zeit verbringen will, und welche medizinische und pflegerische Behandlung er in Anspruch nehmen möchte.

Nach Cicely Saunders' Vorstellung sollten Hospize keine neuen, künstlich geschaffenen Enklaven des Sterbens sein. Seit ihrem Entstehen stützt sich diese weltanschaulich ungebundene Bürgerbewegung deshalb auf ehrenamtliche Helfer. Ihr Engagement soll die Idee von einem bewussten Umgang mit dem Sterben in die Mitte der Gesellschaft hineintragen. Erst wenn wir den Tod nicht länger tabuisieren, so eine der Thesen von Cicely Saunders, können wir ein menschlicheres Verhältnis zur eigenen Sterblichkeit bekommen.

Sehr bald wurde St. Christopher's Hospice zur Keimzelle der Hospizbewegung. In Deutschland hat der Hospizgedanke seit den achtziger Jahren Fuß gefasst. Die Bundesarbeitsgemeinschaft Hospiz (www.hospiz.net), verzeichnet mittlerweile etwa 1.300 ambulante Hospizdienste und rund 210 stationäre Hospize und Palliativstationen. Etwa die Hälfte von ihnen ist in kirchlicher Trägerschaft. Viele Hospize verdanken den Anstoß zu ihrer Gründung engagierten Krankenschwestern, Pflegern und Ärzten, die mit Tod und Sterben anders umgehen wollen, als es ihnen das enge Zeitkorsett des Krankenhausalltags erlaubt. Zwar werden, wie Fachleute beklagen, in den meisten deutschen Hospizen Ärzte bisher nur von außen beratend hinzugezogen. Doch im Hospiz ist mehr Pflegepersonal vorgesehen als im Betrieb einer durchschnittlichen Klinikstation. Zum Team gehören außerdem oft auch Sozialarbeit, Psychologen, Seelsorger, Physiotherapeuten und Krankengymnasten. Hinzu kommen in Deutschland bereits jetzt 80.000 meist geschulte ehrenamtliche Helfer, die Sterbende und deren Angehörige zu Hause oder in Hospizen begleiten.

Zusammen mit der Hospizidee entstand eine neue Fachrichtung: die Palliativmedizin. Sie hat sich der Linderung der Symptome und Beschwerden unheilbar Erkrankter verschrieben. Bildlich gesprochen soll sie eine schützende Hülle um den Kranken legen – »pallium« kommt aus dem Lateinischen und bedeutet »Mantel«. Vieles hat sich in der Versorgung unheilbar Kranker schon verbessert, seit Eberhard Klaschik 1983 in Köln beim Aufbau der ersten Palliativstation Deutschlands mitwirkte. Damals herrschte, was das Sterben anging, therapeutischer Nihilismus. Gegen den arbeiten Palliativmediziner seither an. Heute ist Klaschik Chef der Palliativmedizin im Malteser-Krankenhaus in Bonn und hat einen Lehrstuhl für sein Fach – vier davon gibt es mittlerweile in Deutschland. »Früher hat man vieles schicksalhaft hingenommen«, sagt Klaschik: dass Sterbende schrieen vor Schmerz, dass sie sich erbrachen, dass sie in Angst und Depression versanken – gerade so, als sei dies der legitime Preis für gelebtes Leben. »Erschien der Tod auf der Bildfläche, wendete sich der Arzt ab.« Auch er, Klaschik, schob als junger Arzt Sterbende ins Badezimmer. »Das gibt es auch heute noch – eine Katastrophe.«

Beate Lakotta

Aus: Beate Lakotta und Walter Schels, Noch einmal leben vor dem Tod. Wenn Menschen sterben.

Dem Tod ins Auge geschaut: Nahtod- oder Nachtoderfahrungen

Halluzinationen oder Einblicke ins Jenseits?

Ein Interview der Zeitschrift »Publik-Forum« mit dem Neurologen und Psychiater Michael Schröter-Kunhardt.

Publik-Forum: Die IANDS [International Association for Near-Death Studies] hat bis heute weltweit rund 20.000 Fälle von Nahtod-Erfahrung dokumentiert und ausgewertet. Sie sind Leiter der deutschen Sektion dieser Vereinigung. Können Sie einmal kurz die wesentlichen Elemente einer Nahtod-Erfahrung benennen?

Schröter-Kunhardt: Zunächst gibt es einen äußeren Anlass. Klassische Auslöser von Nahtod-Erfahrungen sind Unfälle, lebensbedrohliche Erkrankungen. Zwischenfälle bei einer Operation und Geburtskomplikationen. Viele Erlebnisse beinhalten nur einige der insgesamt bezeugten Elemente. In kompletter Form besteht ein Nahtod-Erlebnis dann in oft chronologischer Reihenfolge, aber eben in abnehmender Häufigkeit aus folgenden Sequenzen:

- einer Stimmungsaufhellung mit Gefühlen von Leichtigkeit, Wohlbefinden, Heiterkeit, Friede und Glück;
- einem außerkörperlichen Erlebnis, bei dem sich die betroffene Person plötzlich als auf den eigenen Körper herabschauend erlebt, wobei das rationale Bewusstsein weiterarbeitet. Dabei werden verifizierbare optische Wahrnehmungen, auch außerhalb des jeweiligen Raumes gemacht. Beim »scheinbaren« Verlassen des Körpers kommt es zu abrupter Schmerzfreiheit;
- dem Eintritt in eine zumeist dunkle, tunnelartige Übergangszone;
- der Wahrnehmung eines in der Regel weißgoldenen, unendliche Liebe ausstrahlenden Lichtes, das bei den Erlebenden oft Gefühle höchster Seligkeit und manchmal mystische Alleinheits-, Allwissenheitserfahrungen auslöst;
- der Wahrnehmung einer paradiesischen, sehr viel seltener einer höllischen Landschaft;
- der Begegnung mit verstorbenen Verwandten, religiösen Figuren oder Lichtwesen. Zwischen diesen und dem Erlebenden kommt es oft zu einer gedanklichen Kommunikation, in der Letzterer häufig zur Rückkehr aufgefordert wird.

Zwischen diesen Stadien kann es außerdem noch zu folgenden Elementen einer Nahtod-Erfahrung kommen.

- dem Hören einer wunderschönen Musik;
- dem Ablauf eines Lebensfilmes, in dem der Sterbende viele bekannte oder längst vergessene, später aber zum Teil verifizierbare Einzelheiten seines Lebens als Beobachter wiedererlebt. In der Form der Lebensrevision kommt es dabei manchmal über das Miterleben der jeweiligen Gefühle aller Beteiligten zu einer kultur- und religionsspezifischen ethischen Bewertung aller eigenen Gedanken, Worte und Taten;
- immer aber kommt es zu einer Aufhebung des »diesseitigen« Zeitablaufs. Denn in der kurzen Nahtod-Erfahrung wird sehr viel mehr erlebt, als das gewöhnlich möglich ist.

Publik-Forum: Wie oft kommen Nahtod-Erfahrungen vor?

Schröter-Kunhardt: Ungefähr ein Drittel aller Menschen, die dem Tode sehr nahe waren und wiederbelebt wurden, berichtet von einem, mehreren oder allen der genannten Elemente. Das hat unter anderem eine groß angelegte Umfrage des renommierten amerikanischen Gallup-Instituts belegt.

Publik-Forum: Wer über Nahtod-Erfahrungen spricht, macht in der Regel eine merkwürdige Erfahrung: Es gibt entweder spontanes Interesse und tendenzielle Zustimmung oder schroffe Ablehnung. Wie beurteilen Sie das?

Schröter-Kunhardt: Das ist richtig beobachtet. Das Thema polarisiert unverzüglich. Berichte von Nahtod-Erfahrungen provozieren unser Innerstes. Der eigene Tod wird angerührt, etwas, das wir lieber verdrängen. Hinzu kommt, dass die eigene Weltanschauung durch Nahtod-Erfahrungen unversehens auf den Prüfstand gestellt wird. Die Berichte über solche Erfahrungen enthalten schließlich viele Elemente, die unser naturwissenschaftlich geprägtes Denken in Frage stellen.

Das Interview führte Peter Rosien.

Aus: Publik-Forum Extra »Rätselhafte Bilder der Seele – Das Jenseits in uns«, Oberursel 2001, S. 14–17.

> Der Sterbende nimmt die Welt mit. Wohin?
>
> *Elias Canetti*

Berichte aus dem Jenseits

Der Soziologe Hubert Knoblauch befragte über zweitausend Menschen nach ihren Erlebnissen mit dem Tod. Über vier Prozent der Befragten hatten nach eigenen Angaben ein solches Erlebnis.

Den schönen Tod, der sich an gewisse Regeln hält, konnte Knoblauch nicht bestätigen. Die Erlebnisse waren so unterschiedlich, dass sie sich seiner Meinung nach nicht verallgemeinern lassen. Und sie waren auch nicht immer angenehm: 60 Prozent der Ostdeutschen und 30 Prozent der Westdeutschen erlebten die Hölle. Dies zeigt, so Knoblauch, dass die Nahtod-Erfahrung abhängig von der Kultur ist, in der man lebt. »Die ganze Bauart des Jenseits, die bei der Nahtod-Erfahrung angetroffen wird, ist natürlich aus dem Diesseits«, meint er.

Genau damit hat sich Knoblauch in seiner wissenschaftlichen Arbeit auf indirekte Art und Weise speziell befasst. In einer groß angelegten Studie der Universität Konstanz vor rund drei Jahren hat er zusammen mit einem Team von Soziolog/innen 2044 Frauen und Männer unterschiedlicher Herkunft in Deutschland und dem östlichen Landesteil der Schweiz befragt, die sogenannte »Todesnäheerfahrungen« gemacht haben. Was heißt das »in der Nähe des Todes« gewesen zu sein? »Solche ungewöhnlichen Erfahrungen treten auf, wenn Menschen in Lebensgefahr sind, schwer verletzt werden oder durch einen anderen Anlass glauben zu sterben. Manche von ihnen behaupten sogar, die Grenze überschritten und erfahren zu haben, was jenseits davon liegt«, definiert es Knoblauch.

Aus: Hubert Knoblauch, Berichte aus dem Jenseits. Mythos und Realität der Nahtod-Erfahrung, 1999.

Auf einmal lag ich da vor mir

Dass ich so aussehe – Mann, nie im Leben hätte ich das gedacht! Wissen Sie, normalerweise kenne ich mich nur von Bildern her oder von vorne im Spiegel, und da sehe ich ganz natürlich und flach aus. Aber auf einmal lag ich – oder vielmehr mein Körper – da vor mir, und ich konnte ihn mir besehen. Ich konnte ihn ganz deutlich sehen, ganz genau, etwa eineinhalb Meter vor mir! Es dauerte tatsächlich ein Weilchen, bis ich mich selbst erkannte.«

»Komisch, jetzt ist mir die Erinnerung peinlich. Doch mit dem Lichtwesen neben mir habe ich alles aufgenommen, ohne mich zu schämen. Dinge, von denen ich nie gedacht hätte, dass sie einer Erinnerung wert sind [...] wie ich jemanden auf einer bestimmten Dinnerparty unterbrochen habe, und dass sie deswegen nicht dazukamen, eine Information weiterzugeben, die ein anderer Gast in dem Moment brauchte. Oder wie oft ich gelogen habe, ich hätte Grippe oder Rückenschmerzen, um nicht auf Arbeit gehen zu müssen, wenn ich in Wirklichkeit einen Kater hatte.

[...] all die kleinen Gemeinheiten, die sich summieren und Dich gar nicht so gut aussehen lassen, wie Du vielleicht denkst. Das Wesen hat jedoch nie über mich geurteilt, weder direkt noch indirekt. Ich hatte den Eindruck, es liebte mich unabhängig von dem, was ich getan hatte, aber es wollte, dass ich mich sah, wie ich wirklich bin.«

Aus: Raymond Moody, Leben nach dem Tod, Reinbek 1977.

Hieronymus Bosch, Aufstieg in das himmlische Reich, 15. Jahrhundert

Der Trauerprozess

Die Schweizer Psychologin Verena Kast (*1943) hat viele trauernde Menschen begleitet und dabei beobachtet, dass die Verarbeitung des Verlusts eines nahe stehenden Menschen durch Tod in der Regel in vier Phasen verläuft:

Phase 1: Schock und Verneinung
Nach dem Verlust eines geliebten Menschen reagieren die meisten von uns mit Schock und Verneinung. Wir können es einfach nicht fassen und deshalb »kann nicht sein, was nicht sein darf«. Diese Phase kann kurz sein, aber auch über Wochen, ja sogar Monate andauern.

Phase 2: Aufbrechende Gefühle
Während für die erste Phase eine Empfindungslosigkeit typisch ist, brechen nun die Gefühle des Hinterbliebenen hervor. Wut, Verzweiflung, Schuldgefühle, Schmerz – alle möglichen Gefühle können nun spürbar werden und den Trauernden zeitweise überwältigen.

Phase 3: Suchen und Trennen
In dieser Phase sucht der Hinterbliebene den Kontakt zum Verstorbenen – sei es durch Rituale, wie das Mitdecken des Tisches für den Toten, durch Tagträume oder ähnliches. In dieser Phase ist ein Wechselbad der Gefühle zwischen Verneinung, Trauer, Trost, Ernüchterung und Annehmen typisch.

Phase 4: Entstehen eines neuen Selbst- und Weltbezugs
Erst in dieser Phase erfolgt die tatsächliche Akzeptanz des Todes. Der Hinterbliebene beginnt, seinen Lebensrhythmus neu zu gestalten, die Gewohnheiten, die mit dem Verstorbenen geteilt wurden, werden aufgegeben. Eine Form von Neuanfang wird möglich.

Edvard Munch, Tod im Krankenzimmer, 1895, © akg-images

In der Praxis sind diese Phasen keineswegs deutlich voneinander zu trennen und sie stellen auch kein gradliniges Nacheinander dar. Vielmehr mischen sich die einzelnen Phasen, gehen ineinander über und wechseln sich ab. Es gibt auch bei Personen, die meinen, über den Verlust hinweggekommen zu sein, immer wieder heftige Gefühlsausbrüche und Menschen erleben auch nach Jahren noch heftig schmerzende Trauerphasen.

■ Welche Reaktionen von Angehörigen und Helfern halten Sie in diesen unterschiedlichen Phasen für hilfreich?

Traurigkeit

Die mir noch gestern glühten,
Sind heut dem Tod geweiht,
Blüten fallen um Blüten
Vom Baum der Traurigkeit

Ich seh sie fallen, fallen
Wie Schnee auf meinen Pfad,
Die Schritte nicht mehr hallen,
Das lange Schweigen naht.

Der Himmel hat nicht Sterne,
Das Herz nicht Liebe mehr,
Es schweigt die graue Ferne,
Die Welt ward alt und leer.

Wer kann sein Herz behüten
In dieser bösen Zeit?
Es fallen Blüten um Blüten
Vom Baum der Traurigkeit.

Hermann Hesse

Trauer ist notwendig

Trauer ist notwendig. Sie ist die natürliche Reaktion auf den Tod eines geliebten Menschen, die uns hilft, den Verlust seelisch zu verarbeiten. Das Ziel des Trauerprozesses ist der endgültige innere Abschied von dem Verstorbenen, die Annahme des Verlustes und die Bereitschaft, sich wieder auf das Leben einzulassen. Erst mit dem Akzeptieren der Endgültigkeit des Verlustes kann der Trauernde seine Energie und seine Liebe anderen Menschen wieder in vollem Maße zuwenden.

Der Trauerprozess läuft in verschiedenen Phasen ab, die durch jeweils unterschiedliche Gefühle und Gedanken gekennzeichnet sind. Die unmittelbare Reaktion auf einen großen Verlust ist zumeist ein Schock. Viele Menschen beschreiben ihre Empfindungen in dieser Situation als eine innere Erstarrung und ein Gefühl körperlicher wie seelischer Taubheit, das die Tatsache des Verlustes nicht wirklich zu Bewusstsein kommen lässt. Schmerz und Trauer werden dabei oft noch gar nicht empfunden.

Auch im weiteren Verlauf des Trauerprozesses kommt es immer wieder zur Verleugnung und Unterdrückung des Gefühls der Traurigkeit. Viele der mit Trauer verbundenen Gefühle sind so schmerzhaft und oft auch angstauslösend, dass der Trauernde alles versucht, sie zu vermeiden und abzuwehren. Dabei kommt es nicht selten auch zur Betäubung durch Alkohol oder Beruhigungsmittel.

Wenn der erste Schock vorüber ist, löst die Erinnerung an den Verstorbenen zumeist eine Flut von starken Gefühlen aus. Die Psychotherapeutin Verena Kast hat dies die »Phase der aufbrechenden chaotischen Emotionen« genannt; chaotisch deshalb, weil dabei meist ganz unterschiedliche und auch einander widersprechende Gefühle erlebt werden. Ihnen gemeinsam ist, dass sie sehr intensiv und schmerzhaft sein können und dass sie plötzlich aufwallen, um dann wieder abzuebben. Manchmal werden sie auch von heftigen körperlichen Symptomen begleitet, z. B. von Übelkeit, Atemnot oder Schlafstörungen.

Das Gefühl, ganz allein zu stehen und den Verstorbenen für immer verloren zu haben, kann zu Depressionen mit heftigem Weinen, Selbstanklagen und möglicherweise sogar Selbsttötungsgedanken führen. Der Trauernde erlebt häufig eine große innere Leere und Hilflosigkeit. Er weint, bricht in Selbstanklagen aus oder erstarrt innerlich und äußerlich. Diese Gefühle sind manchmal auch mit einer Phase des Suchens nach dem Verstorbenen verbunden.

Reale oder auch nur vorgestellte Versäumnisse in der Beziehung zu dem Verstorbenen können darüber hinaus Schuldgefühle auslösen. Tatsächlich gibt es immer unerledigte Handlungen und ungesagte Dinge, die nun unwiderruflich so bestehen bleiben werden und nur noch in der Vorstellung zu »heilen« sind. Besonders quälend können solche Selbstanklagen sein, wenn der Tod mit starken Schmerzen verbunden war, wenn (unbewusste) Aggressionen gegen den Verstorbenen bestanden oder wenn der Tod in eine Phase des offenen Streites fällt.

Die sicherlich am schwierigsten zu akzeptierende Empfindung im Zusammenhang mit Trauer ist Aggression, insbesondere wenn die Wut sich gegen den Verstorbenen selbst richtet. Es besteht ein starkes Tabu, aggressive Gefühle gegen einen Verstorbenen zu äußern. Der Tod eines geliebten Menschen bedeutet aber doch in vielerlei Hinsicht eine starke Frustration. Gemeinsame Pläne sind nun plötzlich zum Scheitern verurteilt, wichtige Bedürfnisse bleiben unbefriedigt, und der Hinterbliebene fühlt sich von dem Verstorbenen allein gelassen. Dies löst neben Schmerz oft auch aggressive Gefühle aus.

Schließlich spielt oft auch Angst eine Rolle im Verlauf der Trauer. Schmerz, Wut und Schuldgefühle allein können Angst bereiten. Hinzu kommen in vielen Fällen mehr oder weniger berechtigte Existenzsorgen sowie die Unsicherheit bezüglich der weiteren Zukunft ohne den Verstorbenen. Und auch der Tod selbst löst Angst und Schrecken aus, denn durch den Tod eines anderen Menschen werden wir mit der Endlichkeit unseres eigenen Lebens konfrontiert. Wenn nun der Trauernde die Phasen des Suchens und Erinnerns immer wieder und wieder durchläuft, verlieren die Gefühle des Schmerzes, der Angst und des Zorns allmählich an Intensität. Anteilnahme und Unterstützung von anderen Menschen können hier viel helfen. Irgendwann in diesem Prozess entwickelt sich ein zunehmendes inneres Akzeptieren des Verlustes. Das Realitätsprinzip hat gesiegt. Der Verstorbene ist tot, er wird nie wiederkehren, und das Leben wird nun ohne ihn sein.

Was bleibt, sind die Erinnerungen an den Verstorbenen. Es ist wichtig, auf diesen Aspekt hinzuweisen: Das Ziel der Trauerarbeit, nämlich das innere Akzeptieren des Verlustes, bedeutet eben nicht Vergessen, sondern gerade das Bewahren und Erhalten der Erinnerungen und aller Bereicherungen, die das Leben des Zurückbleibenden durch den Verstorbenen erfahren hat.

Nach: Oskar Mittag, Trauer. Merkblatt Nr. 5 der Psychologischen Fachgruppe Entspannungsverfahren in der Sektion Klinische Psychologie des Berufsverbandes Deutscher Psychologinnen und Psychologen e. V. (BDP).

www.entspannungsverfahren.com

Wie Kinder auf den Tod eines Angehörigen reagieren

Stirbt ein Elternteil in der Familie, so sind die Kinder sehr verunsichert. Sie haben Fragen und Ängste: »Wer versorgt uns denn dann?« – »Was geschieht mit uns, wenn dir nun auch noch etwas passiert?«. Sie fühlen sich in ihrer Sicherheit und Geborgenheit bedroht. Manchmal versuchen sie auch, den Elternteil zu ersetzen, besonders der Sohn beim Tod des Vaters und die Tochter beim Tod der Mutter. Damit bleibt ihnen aber nicht genug Raum für ihre Trauer, sie verlieren das Kindsein, werden früher, als es ihrem Alter entspricht und für sie gut wäre, erwachsen. Oft bindet der dann allein erziehende Elternteil die Kinder zu sehr an sich. Das Kind wird dadurch zum Ersatzpartner und ist damit überfordert.

Beim Tod eines Geschwisterkindes fühlen sich die noch lebenden Kinder häufig allein gelassen. Die Eltern sind mit ihrem Schmerz und der Trauer um das verstorbene Kind beschäftigt und können sich den anderen Kindern nicht mehr so zuwenden.

»Deine Schwester konnte das aber viel besser« – »Dein Bruder war viel lieber zu mir und hat immer alles gemacht, was ich gesagt habe«. Das noch lebende Kind hat dann das Gefühl, »der Mutter wäre es wohl lieber, wenn ich gestorben wäre«. – »Mein Vater hat mich gar nicht mehr lieb. Es zählt nur noch der tote Bruder. Wäre ich doch auch tot, vielleicht würden sie dann auch so um mich trauern?« Dabei bräuchte das lebende Kind jetzt besonders viel Zuwendung, weil es viele auch gegensätzliche Gefühle hat: Einerseits vermisst es den Bruder oder die Schwester, andererseits ist es vielleicht erleichtert, dass er oder sie endlich gestorben ist. Dies ist häufig vor allem dann der Fall, wenn der Bruder oder die Schwester über lange Zeit durch eine Krankheit im Mittelpunkt gestanden hat oder wenn eine starke Rivalität zwischen beiden herrschte.

Durch diese Erleichterung über den Tod entstehen aber auch Schuldgefühle. So fühlt sich das Geschwisterkind zwischen Schmerz, Trauer, Erleichterung, Schuldgefühlen und auch Wut hin- und hergerissen. Es ist damit allein, denn die Eltern sind zu sehr mit sich beschäftigt, und Außenstehende trösten meist nur die Eltern und nehmen nicht wahr, dass auch die Kinder den Bruder oder die Schwester verloren haben.

Die Bedeutung eines Großelternteils für Kinder und damit auch sein Tod wird häufig unterschätzt. Es kann sogar sein, dass die Großeltern dem Kind näher standen und ihm mehr Geborgenheit geben konnten, als es den Eltern in ihrer Lebenssituation möglich war. So muss man damit rechnen, dass das Kind unter Umständen ganz besonders stark auf diesen Verlust reagiert.

Für manche Kinder mag aber auch der Tod des vertrauten und geliebten Haustieres, von Hund, Katze oder etwa dem Hamster so schmerzlich sein wie der Tod eines Menschen. Dem Haustier konnte das Kind alle seine Sorgen, Wünsche und Ängste anvertrauen, es war ihm oft der nächste Spielgefährte und Ansprechpartner in seiner Einsamkeit.

Die Geschichte von den zwei Kindern

Es waren einmal zwei Kinder, die hießen Fin und Fan. Sie waren Brüder. Sie hatten keine Mutter und keinen Vater und kein Haus. Sie waren im Wald. Sie kamen an ein Haus. Da war die Hexe. Sie war nicht böse, sondern lieb. Sie hat gefragt: »Wer seid ihr?«

»Wir sind Fin und Fan.«

Die Hexe fragte: »Warum seid ihr im Wald?«

Sie antworteten: »Weil wir kein Haus und keine Mutter und keinen Vater haben.«

Sie sagte: »Ihr könnt bei mir bleiben.«

Die Kinder sagten: »Vielen Dank!«

Die Hexe und Fin und Fan wurden Freunde. Sie hatten keinen Hunger mehr, sie waren satt. Sie hatten mit der Hexe zusammen ein Haus und waren froh. Und als sie zwanzig Jahre alt waren, waren sie groß.

Abdulmesi Aslan

Aus: Tränen im Regenbogen. Phantastisches und Wirkliches – aufgeschrieben von Mädchen und Jungen der Tübinger Kinderklinik, hg. von M. Klemm, G. Hebeler und W. Häcker, Tübingen 1989, S. 18

■ Der zehnjährige Abdulmesi Aslan schreibt diese Geschichte in der Tübinger Kinderklinik und setzt sich so mit seiner Krankheit auseinander. Die böse Hexe im Märchen von Hänsel und Gretel ist verwandelt. Sie schenkt den beiden schutzlosen Kindern bergende Heimat im dunklen Wald, bis sie erwachsen sind. Wie deuten Sie diese Veränderung der Geschichte?

»Sie ist stolz und mutig auf eine Reise gegangen«

© picture-alliance

Herbert Grönemeyer hat Frau und Bruder innerhalb kürzester Zeit verloren. Erst starb sein Bruder Wilhelm, 44, an Leukämie. Selbst Herberts Knochenmarkspende konnte ihn nicht mehr retten. Dann erlag seine Frau Anna, 45, dem Brustkrebs. Acht Jahre lang hatte sie gegen die tückische Krankheit gekämpft. »Dein Verlust sprengt alle Dimensionen, Werte, Phantasien. Der Schmerz ist Wüste voll brutalster Wucht«, trauerte Grönemeyer in seiner Todesanzeige um Anna. Danach flüchtete er sich in Schweigen. Für den STERN besuchte sein Freund Roger Willemsen den Sänger in London. Hier, in der Wahlheimat seiner Frau, versucht Herbert Grönemeyer, seinen Kindern Felix und Marie über den Verlust ihrer Mutter hinwegzuhelfen.

Willemsen: In welcher Verfassung bist du?

Grönemeyer: Zwischen überwach und Zusammenbruch. Das wechselt sich ständig ab. Es gibt Momente, wo das Gehirn präzise knattert, wo ich mich auch sehr konzentriere, aber das Potential für solche Phasen ist gering. Die Zusammenbrüche sind massiv.

Willemsen: Was ist das Regelmäßige an deinen Tagen?

Grönemeyer: Aufstehen, morgens um sieben Uhr, um die Kinder für die Schule fertig zu machen. Dann lege ich mich meistens wieder hin, weil ich es nicht ertrage, mich mit dem Vormittag auseinanderzusetzen, weil ich auch keinen habe, mit dem ich reden kann. Meine Aufgabe ist es jetzt, den Alltag für die Kinder so erträglich wie möglich zu gestalten, so dass alles für sie in der Balance bleibt.

Willemsen: Liegt nichts Tröstliches im Normalen?

Grönemeyer: Trotz dieser wenigen Momente, in denen man sich kurz wieder hochziehen kann, liegt ein massives Grau, sehr bleiern, über allem, dazu ist es zu monumental. Es ist wie nach einer großen Explosion, und man liegt da mit einer Aktentasche und guckt zu, wie alles zerstört ist. Ich versuche nach wie vor, das Leben zu erkennen, aber es ist alles auf Null gebracht, wenn nicht auf unter Null. Unsere Eltern wissen ja noch, was Nullpunkt heißt. Wir dagegen haben uns in einer satten, farbenfrohen Zeit entwickelt. Es ist wie ein Krieg, den ich durchmache, und ich muss warten, bis der Punkt kommt, wieder Fuß zu fassen.

Willemsen: Der kommt wahrscheinlich da, wo du ihn nie erwartet hast.

Grönemeyer: Das denke ich auch. Die Farben werden nie wieder so aufgehen, wie sie mal aufgegangen sind. Aber sie werden anders aufgehen.

Quelle: Stern

Unbewohnt

Ich steh auf, streun durchs Haus
Geh zum Kühlschrank, mach ihn auf
Er ist kalt, er ist leer
Beweg mich im aussichtslosen Raum
Führ Selbstgespräche, hör mich kaum
Bin mein Radio, schalt mich aus

Ich würde mich gern verstehn
Aber ich weiß nicht, wie das geht
Der Grundriss ist weg
Ooh, es tropft ins Herz
Mein Kopf unmöbliert und hohl
Ooh, keine Blumen im Fenster
Der Fernseher ohne Bild und Ton
Ich fühl mich unbewohnt

Im Spiegel nur ein Gesicht
Stell mich zur Rede, antworte nicht
Stummes Interview
Das Nichts steckt in jedem Detail
In mir sind alle Zimmer frei
Und ich dazu
Ooh, es tropft ins Herz
Der Kopf unmöbliert und hohl
Ooh, keine Blumen im Fenster
der Fernseher ohne Bild und Ton
Fühl mich unbewohnt

Zwangsgeräumte Gründe
Gekündigt vor der Zeit
Keine Seele in vier Wänden
Hundert Jahre Einsamkeit
Alles still, unbewegte Zellen
Und das Wetter gibt's nicht mehr
Die Straße hat keine Stimme
Autolos und kein Verkehr
Ooh, es tropft ins Herz
Der Kopf unmöbliert und hohl
Ooh, keine Blumen im Fenster
der Fernseher ohne Bild und Ton
Ich fühl mich unbewohnt
Ich fühl mich unbewohnt

Herbert Grönemeyer: Der Weg

Ich kann nicht mehr sehn
Trau nicht mehr meinen Augen
Kann kaum noch glauben
Gefühle haben sich gedreht
Ich bin viel zu träge um aufzugeben
Es wäre auch zu früh
Weil immer was geht

Wir waren verschworen
Wären füreinander gestorben
Haben den Regen gebogen
Uns Vertrauen geliehen
Wir haben versucht,
auf der Schussfahrt zu wenden
Nichts war zu spät
Aber vieles zu früh

Wir haben uns geschoben
Durch alle Gezeiten
Wir haben uns verzettelt
Uns verzweifelt geliebt
Wir haben die Wahrheit so gut es ging
verlogen
Es war ein Stück vom Himmel
Dass es dich gibt

Du hast jeden Raum mit Sonne
geflutet
Hast jeden Verdruss ins
Gegenteil verkehrt
Nordisch nobel deine sanft-
mütige Güte
Dein unbändiger Stolz
Das Leben ist nicht fair

Den Film getanzt in einem silbernen
Raum
Vom goldnen Balkon die Unend-
lichkeit bestaunt
Heillos versunken, trunken
Alles war erlaubt
Zusammen im Zeitraffer
Mittsommernachts-Traum

Du hast jeden Raum mit Sonne
geflutet
Hast jeden Verdruss ins
Gegenteil verkehrt
Nordisch nobel deine sanft-
mütige Güte
Dein unbändiger Stolz
Das Leben ist nicht fair

Dein sicherer Gang
Deine wahren Gedichte
Deine heitere Würde
Dein unerschütterliches Geschick
Du hast der Fügung deine Stirn
geboten
Hast ihn nie verraten
Deinen Plan vom Glück
Deinen Plan vom Glück

Ich geh hier nicht weg
Hab meine Frist verlängert
Neue Zeitreise
Offene Welt
Habe dich sicher in meiner Seele
Ich trag dich bei mir bis der Vorhang
fällt
Ich trag dich bei mir bis der Vorhang
fällt

■ Unterschiedlich geprägte Trauerzeiten, die Sterbende durchleben, durchleben auch Menschen, die einen Angehörigen verlieren oder einen schweren Verlust in ihrem Leben hinnehmen müssen. Der bekannte Sänger Herbert Grönemeyer meldete sich vier Jahre nach dem Tod seiner Frau im Sommer 2002 mit dem Album »Mensch« aus seinem Schweigen zurück. Entdecken Sie in seinem Lied Parallelen zu den von Verena Kast beschriebenen Trauerphasen?

Wenn Kinder fortgehen

Wirst Du meinen Namen wissen, wenn wir uns im Himmel wiedersehen?
Wird es so sein wie immer, wenn wir uns im Himmel wiedersehen?

Ich muss jetzt stark sein, aber trotzdem muss ich weiterleben, weil ich weiß, dass ich jetzt noch nicht zu Dir in den Himmel kommen kann.

Wirst Du meine Hand halten, wenn wir uns im Himmel wiedersehen?
Wirst Du mir beistehen, wenn wir uns im Himmel wiedersehen?

Ich werde meinen Weg finden, sowohl am Tag als auch in der Nacht, weil ich weiß, dass ich jetzt noch nicht bei Dir im Himmel bleiben kann.

Die Zeit kann schwer sein
Die Zeit kann von Nutzen sein
Die Zeit kann Dir das Herz brechen
Die Zeit kann um Verzeihung bitten

Warte an der Pforte und sei Dir sicher, es wird friedlich enden, denn ich weiß, es wird keine Tränen mehr im Himmel geben!

Eric Clapton – Tears in Heaven

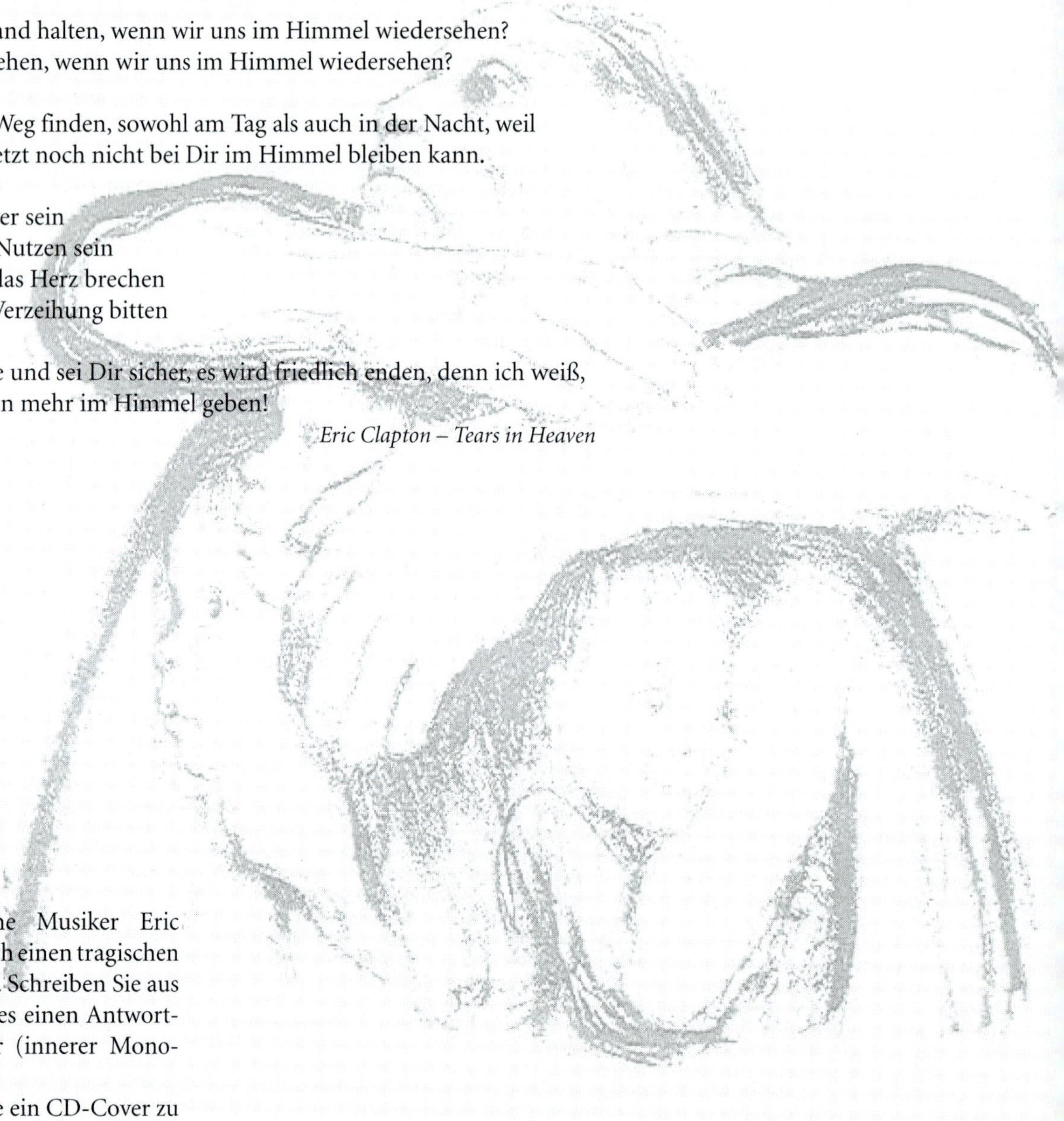

■ Der englische Musiker Eric Clapton verlor durch einen tragischen Unfall seinen Sohn. Schreiben Sie aus der Sicht des Sohnes einen Antwortbrief an den Vater (innerer Monolog).

■ Entwerfen Sie ein CD-Cover zu diesem Song.

■ Erstellen Sie eine Collage, in der Sie die Inhalte des Songs wiedergeben.

Käthe Kollwitz, Saatfrüchte sollen nicht vermahlen werden, 1934, © akg-images

»Malte soll wieder mit mir spielen ...«

Als mein Sohn Malte vor vielen Jahren im Alter von 7 Jahren an Leukämie starb, waren seine Brüder 9 und 4 Jahre alt, die gerade geborene Schwester seit 3 Tagen auf der Welt.

An der nur einen Spalt geöffneten Tür zum Kinderzimmer hörte ich wenige Tage nach dem Tod des Bruders den neunjährigen Marc laut weinen, herzzerreißend schluchzen, ein Weinkrampf schüttelte mein Kind. Durch die schmale Öffnung sah ich Marc auf seinem Bett liegen, das Bett bebte und wackelte von dem heftigen Weinen, von dem lauten Kummer des Jungen. In seinen Armen lag der vierjährige Marek, klammerte sich an seinen großen Bruder und weinte mit ihm. Nach einer Weile hielt Marek kurz inne, hob den Kopf, sah seinen Bruder verstört an, warf sich wieder in seinen Arm und schluchzte weiter. Marc konnte sich nicht beruhigen und weinte und weinte ... Der kleine Bruder machte einen zweiten Versuch, stockend und mit triefender Nase fragte er: »Marc, sagst du mir Bescheid, wenn du aufhörst mit Weinen – damit ich dann auch aufhören kann.« Warum erzähle ich von dieser Erinnerung? Zum einen, weil sie sich mir als Mutter, die mit angehaltenem Atem und selbst still weinend hinter der Tür stand, für alle Zeiten ins Herz gebrannt hat und zum anderen, um den Leserinnen und Lesern dieses Beitrags ein Beispiel zu geben von dem je nach Alter unterschiedlichen Verständnis und Verhalten von Kindern, die dem Tod begegnen. Marc hatte mit seinen 9 Jahren verstanden – intellektuell und emotional –, dass sein verstorbener Bruder nie wieder zurückkommen wird. Er betrauerte ihn vehement, war untröstlich und ging 2 Stunden später zum Fußballspielen.

In diesem Wechsel zwischen abgrundtiefer Trauer und totalem »dem Leben zugewandt sein« (seinem Leben zugewandt sein) fand er – mit Unterstützung der Eltern, Großeltern, Lehrer und Freunde – seinen Weg, mit dem Tod des Bruders zu leben, der bis heute einen Platz »in ihm« hat. Wenn wir also Kinder in diesem Alter (8–12 Jahre) in ihrer Trauer begleiten, ist es wichtig zu wissen, dass sie die Endgültigkeit des Todes verstehen und begreifen. Dieses Wissen um das »Nie-Mehr« betten sie ein in ihre gewohnten Lebensbezüge (Schule, Sport, Freundschaften), die ihrem Alltag das Maß an Normalität und Kontinuität geben, das sie brauchen. Damit bewahren sie Stabilität in einer brüchigen, instabilen Lebenszeit. Marek (4 Jahre) macht durch seine Frage an den großen Bruder, die sinngemäß meint »Sag mir, wann es vorbei ist«, deutlich, dass für ihn der Tod nicht mit Endgültigkeit verbunden ist, sondern als »vorübergehend« erlebt wird. Einmal hockte er im Spielzimmer inmitten seiner Lego-Bausteine, spielte nicht, sondern schaute über einen längeren Zeitraum, in dem ich ihn beobachtet hatte, durch das Terrassenfenster scheinbar gedankenverloren in den Garten. Als ich fragte: »Marek, mein Schatz, warum spielst du denn nicht?« antwortete er: »Weil ich auf Malte warte. Er soll zurückkommen und mit mir bauen.«

Die Begleitung trauernder Kinder in dieser Altersstufe erfordert viel Einfühlungsvermögen in die kindliche Vorstellungswelt, die alles, was um sie herum geschieht, undifferenziert auf sich bezieht. Wenn mein Bruder stirbt, kann ich also auch sterben ... Wenn er mit 7 Jahren stirbt, könnte ich also auch mit 7 Jahren sterben ... Als Marek seinen 8. Geburtstag gefeiert hatte, sagte er zu mir: »Gott sei Dank, nun bin ich 8 Jahre und bin nicht mit 7 gestorben wie Malte.« Marek wuchs im Laufe der nächsten Jahre seinem jeweiligen altersgemäßen Entwicklungsstand entsprechend – in ein verändertes Verständnis vom Tod hinein; wie alle Kinder, die in einer Familienstruktur leben, in der das Thema Tod nicht tabuisiert wird und die in verschiedenen Altersabschnitten die Frage nach dem Tod neu stellen dürfen und Unterstützung auf der Suche nach möglichen Antworten erhalten. Genau wie Marc hat Marek den Tod seines Bruders Malte in das eigene erwachsene Leben auf heilsame Weise integrieren können. Und die neugeborene Schwester, meine Tochter Mascha? Sie wurde mit großer Freude und dankbarem Glück in unserer Familie begrüßt, aber sie wurde eben auch in ein Trauerhaus hineingeboren. Oft habe ich mir Sorgen gemacht, ob dieses kleine schutzlose Wesen in ihrem Los genügend Schutz bei uns findet. Denn auch die ganz Kleinen unter den Kindern nehmen – wie mit vielen Sensoren ausgestattet – alle atmosphärischen Stimmungen und Befindlichkeiten in der Familie auf. [...] Mascha »kannte« Malte, ihren toten Bruder, von Anfang an – sie hörte seinen Namen bevor sie sprechen konnte, sie sah sein Foto an der Wand und noch bevor sie laufen konnte, waren wir mit ihr oft am Grab des Bruders. Später harkte sie dann gern »seinen Garten« und ließ sich als Vierjährige strahlend neben dem Grabstein fotografieren. Sie ging ungezwungen mit dem Tod um. Wenn die Brüder von gemeinsamen Erlebnissen mit Malte sprachen, wurde sie manchmal wütend: »Das ist fies! Die haben so viel mit ihm erlebt und ich nichts.«

Der Tod gehört zum Leben, und diese Zusammengehörigkeit sollten wir Erwachsenen für Kinder erfahrbar machen. *Anja Wiese*

Anja Wiese ist als Trauerbegleiterin im Verein »Verwaiste Eltern und Geschwister Hamburg e.V.« beschäftigt. Sie ist Gründungs- und Vorstandsmitglied des Hamburger Instituts für Trauerarbeit (ITA) e.V. und bundesweit als Seminarleiterin tätig.

Richtig oder falsch?

Wissenswertes über das Alter(n)

1. Die meisten alten Menschen erhalten zu viele Medikamente.
2. Die meisten alten Menschen haben eine Krankheit.
3. Die meisten alten Menschen fühlen sich krank.
4. Alte Frauen leben länger und sind deshalb weniger krank.
5. Mehr als die Hälfte der hochbetagten Frauen braucht Hilfe beim Baden oder Duschen.
6. Die meisten Blutwerte ändern sich nicht im Alter.
7. Depressionen werden im hohen Alter häufiger.
8. Die meisten alten Menschen über 70 Jahre leiden an einer ernsthaften Beeinträchtigung ihrer geistigen Leistungsfähigkeit.
9. Etwa die Hälfte der 90-jährigen und älteren Menschen leidet an einem deutlichen geistigen Abbau (Demenz).
10. Die meisten alten Menschen erhalten zu viele Psychopharmaka.
11. Der Alltag sehr alter Menschen besteht vorwiegend aus Inaktivität und Ausruhen.
12. Wenn man alte Menschen fragt, womit sie sich stark oder sehr stark beschäftigen, hat das Thema Sterben und Tod bei den meisten eine hohe Priorität.
13. Das Gedächtnis wird mit zunehmendem Alter immer schlechter.
14. Die meisten alten Menschen können nichts Neues mehr lernen.
15. Die meisten alten Menschen glauben, dass sie ihr Leben nicht mehr selbst bestimmen können.
16. Nur ganz wenige alte Menschen haben noch ausgeprägte Lebensziele.
17. Alte Menschen leben vor allem in der Vergangenheit.
18. Fast alle alten Menschen haben eine vertraute Person, mit der sie über schwierige Probleme sprechen können.
19. Sehr viele alte Menschen sind arm.
20. Die Mehrzahl der 95-jährigen und Älteren lebt in Heimen.
21. Pflegebedürftige alte Menschen in Privathaushalten werden überwiegend von ihren Kindern gepflegt.
22. Ärmere Menschen sind im Alter kränker, reichere Menschen gesünder.
23. Frauen, die ihr Leben lang überwiegend Hausfrauen waren, sind im hohen Alter schlechter gestellt als Frauen, die über lange Zeit erwerbstätig waren.

Aus: Wissen über das Alter(n): Eine Zwischenbilanz der Berliner Altersstudie, hg. von Karl Ulrich Mayer und Paul B. Baltes, Akademie Verlag, Berlin 1996, S. 599–634

■ Sind sie mit Ihrem Wissen zum Alter auf der Höhe der Zeit? Testen sie es! Welche Aussagen zum Alter sind richtig, welche falsch?

Modelle des Alterns

In der Gerontologie, d.h. derjenigen Wissenschaft, die sich mit sämtlichen Aspekten des Altwerdens und Altseins befasst, gibt es unterschiedliche Modelle, wie das Altern wahrgenommen werden kann:

Kontinuitätstheorie

Im Alter werden die ein Leben lang erworbenen Handlungsmuster fortgesetzt. Unterscheidung zu den oben genannten: Nicht Veränderung sondern Kontinuität!

Sozial-emotionale Selektionstheorie

Soziale Beziehungen haben in früheren Lebensabschnitten instrumentelle, im hohen Alter emotionale Qualitäten. Zunehmende Selektivität in der Aufnahme von Sozialkontakten.

Modell der »Selektiven Optimierung durch Kompensation«

Die zunehmende Abnahme der Anpassungsfähigkeit im Alter ist in ausgewählten Verhaltensbereichen zu kompensieren, d.h. es wird eine geringerer Anzahl an Angelegenheiten erledigt, diese dafür aber gut/fehlerlos.

Defizitmodell

Alter ist gleichzusetzen mit dem Verlust von Leistung und Funktionen.

Kompetenzmodell

Der alte Mensch besitzt Kompetenzen, die sich z.T. von denen anderer Lebensabschnitte unterscheiden.

Disengagmenttheorie

Von außen erzwungener Verlust sozialer Rollen – Bedürfnis des Individuums nach Rückzug aus sozialen Beziehungen; innengeleitete Orientierung.

Aktivitätstheorie

Der alternde Mensch will sozial aktiv sein und strebt soziale Teilhabe an, will aktiv soziale Rollen erfüllen.

■ Wie stellen Sie sich Ihr Alter vor? Führen Sie in Kleingruppen ein Gespräch, in dem jede/r mit ihren/seinen Vorstellungen vom Alter und Altwerden zu Wort kommt. Gestalten Sie jeweils ein Plakat zu den angesprochenen Themen.

■ Kommt auf Ihren Plakaten der Tod als Thema vor? Was schließen Sie aus dem in Ihrer Klasse/Seminar erhobenen Befund?

■ Entdecken Sie persönliche Einstellungen und Verhaltensweisen, die den beschriebenen Modellen des Alterns entsprechen.

Was ist die Essenz meines Lebens?

Ich wünsche mir, dass ich lange leben kann. Ich stelle mir vor, was ich alles tun könnte, wenn ich mit achtzig Jahren noch geistig wach wäre, wie ich da noch vielen helfen könnte. Doch wenn ich über meinen letzten Tag nachdenke, relativiert sich auch meine Lebenszeit. Ist das Leben nur wertvoll, wenn es sehr lange dauert? Bleiben nicht gerade solche Menschen lange im Gedächtnis, die früh gestorben sind, die etwa im Dritten Reich für ihren Glauben in den Tod gegangen sind, die sich im Kampf für andere aufgezehrt haben? Es ist relativ, wie lange mein Leben dauert. Was ist die eigentliche Essenz meines Lebens? Sie ist nicht das, was ich geleistet habe, nicht die Menge meiner Bücher, nicht die Zahl der Gespräche, die ich geführt habe. Es kommt vielmehr darauf an, dass ich überhaupt gelebt habe, dass die Menschen um mich meine Lebendigkeit, meine Ausstrahlung, mein Herz wahrnehmen.

Anselm Grün

Aus: Anselm Grün, Wenn ich nur noch einen Tag zu leben hätte, Kreuz Verlag, Stuttgart 2004

Edvard Munch, Selbstporträt zwischen Uhr und Bett, um 1940, Munch-museet, Oslo

Hermann Hesse, Stufen

Wie jede Blüte welkt und jede Jugend
dem Alter weicht, blüht jede Lebensstufe,
blüht jede Weisheit auch und jede Tugend
zu ihrer Zeit und darf nicht ewig dauern.
Es muss das Herz bei jedem Lebensrufe
bereit zum Abschied sein und Neubeginne,
um sich in Tapferkeit und ohne Trauern
in andre, neue Bindungen zu geben.
Und jedem Anfang wohnt ein Zauber inne,
der uns beschützt und der uns hilft zu leben.
Wir sollen heiter Raum um Raum durchschreiten,
an keinem wie an einer Heimat hängen,
der Weltgeist will nicht fesseln uns und engen,
er will uns Stuf um Stufe heben, weiten.
Kaum sind wir heimisch einem Lebenskreise
und traulich eingewohnt, so droht Erschlaffen.
Nur wer bereit zu Aufbruch ist und Reise,
mag lähmender Gewöhnung sich entraffen.

Es wird vielleicht auch noch die Todesstunde
uns neuen Räumen jung entgegen senden.
Des Lebens Ruf an uns wird niemals enden …
Wohlan denn, Herz, nimm Abschied und gesunde!

Aus: Hermann Hesse, Gedichte, © Suhrkamp Verlag, Frankfurt a. M.

Fernando Savater: Über den Tod nachdenken

Wenn der Mensch seine Gegenwart im Leben erkennt, ist er begeistert. Und diese begeisterte Feststellung können wir Freude nennen. Die Freude bekräftigt und ergreift das Leben im Angesicht des Todes, im Angesicht der Verzweiflung. Die Freude feiert nicht die konkreten, häufig grausamen Inhalte des Lebens, sondern das Leben selbst, weil es nicht der Tod ist, weil es nicht »nein«, sondern »ja« ist, weil es gegenüber dem Nichts alles ist. Doch die Freude ist nicht rauschhaft, sondern tätig, und sie geht noch darüber hinaus: Sie ist Kampf gegen das verzweifelte Übel des Todes, der uns mit Angst, Gier und Hass erfüllt. Niemals kann die Freude vollständig über die Verzweiflung triumphieren – in jedem von uns leben Verzweiflung und Freude zusammen. Doch sie beugt sich ihr auch nicht. Ausgehend von der Freude versuchen wir, das Leben von der drückenden und unheilvollen Last des Todes zu »erleichtern«. Die Verzweiflung kennt nichts anderes als das Nichts, das jeden von uns bedroht, während die Freude Halt sucht und ihre tätige Sympathie auf unsere Nächsten ausdehnt, die lebenden Sterblichen. Die Gesellschaft ist das verknüpfende Band einer vieltausendfachen Komplizenschaft, das jene vereint, die wissen, dass sie sterben werden, um gemeinsam die Gegenwart des Lebens zu bekräftigen.

Wie der Tod Vergessen ist, so ist die Gesellschaft Erinnerung. Wie der Tod endgültige Gleichheit bedeutet, stellt die Gesellschaft Unterschiede her. Wie der Tod Schweigen und Abwesenheit von Bedeutung ist, ist das Rückgrat der Gesellschaft die Sprache, die alles in Bedeutung verwandelt. Wie der Tod vollständige Erschöpfung ist, strebt die Gesellschaft nach Kraft und Energie. Wie der Tod Empfindungslosigkeit ist, erfindet und verstärkt die Gesellschaft alle Empfindungen, den sinnlichen Überfluss. Wie der Tod endgültige Isolation ist, schafft die Gesellschaft die emotionale Gemeinschaft und gegenseitige Hilfe im Unglück. Wie der Tod Unbeweglichkeit ist, drängt die menschliche Gesellschaft auf Bewegung und Geschwindigkeit, die nichts aufhalten kann. Wie der Tod die Wiederholung desselben ist, fördert und liebt die Gesellschaft die von alters her überkommenen Gesten des Lebens, die neuen Lebewesen wie uns selbst, das unbezähmbare Geschlecht der Sterblichen als etwas immer Neues. Gegen die unförmige Verwesung pflegt sie die Schönheit, das Spiel, wo man viele Male sterben und wieder auferstehen kann, die Verwandlung der Bedeutung. Jede Gesellschaft ist ein Ersatz der Unsterblichkeit für Sterbliche – für jene, die vom Tod wissen, aber seine verzweifelte, vernichtende Botschaft von sich weisen. Sicherlich sind alle sozialen Unternehmungen von Menschen auch von Angst, Gier und Hass geprägt. Doch es ist nicht die Verzweiflung, die schöpferisch ist, sondern die Freude. Dies in Erinnerung zu rufen ist die einzige Lektion der Ethik. Daher nannte Spinoza den rechtschaffenen Menschen »fröhlich«. Und weise.

Aus: Die Fragen des Lebens. Fernando Savater lädt ein in die Welt der Philosophie, © Campus Verlag, Frankfurt a. M. 2000, 274f.

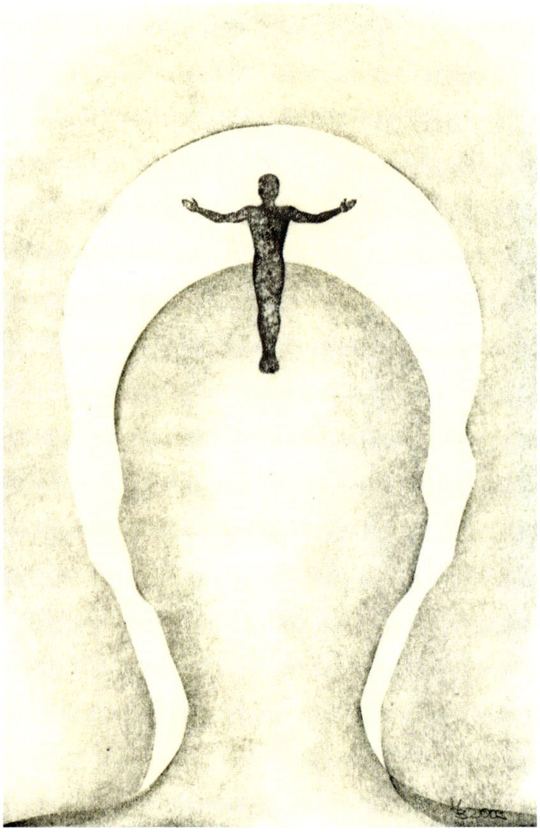

Martin Burchard, 2003

- Fassen Sie die wichtigsten Aussagen des Textes zusammen. Mit welchen Begriffen beschreibt der Verfasser die seiner Meinung nach angemessene Haltung zu Leben und Tod?
- Welche Gründe nennt er für seine Position? Entstehen aus seinem Verständnis von Leben und Tod grundlegende Handlungsorientierungen?
- Welchen Aspekten der Haltung von Fernando Savater stimmen Sie gerne zu? Welche sind Ihnen fremd? Welchen widersprechen sie? Können Sie Ihre Position begründen?

Epikur: Tod und Leben

Der griechische Philosoph Epikur lebte von 341–271 v. Chr. Im Zentrum seiner Philosophie steht die Lehre von der Glückseligkeit, die ohne Tugend nicht möglich ist. Die Seele ist für ihn ein feiner, luftähnlicher Stoff; mit dem Tod zerstreut sie sich und alle Empfindung hört auf. Der folgende Text stammt aus der Zeit um 290 v. Chr.

Gewöhne dich an den Gedanken, dass der Tod uns nichts angeht. Denn alles Gute und Schlimme beruht auf der Wahrnehmung. Der Tod aber ist der Verlust der Wahrnehmung. Darum macht die rechte Einsicht, dass der Tod uns nichts angeht, die Sterblichkeit des Lebens genussreich, indem sie uns nicht eine unbegrenzte Zeit dazugibt, sondern die Sehnsucht nach der Unsterblichkeit wegnimmt. Denn im Leben gibt es für den nichts Schreckliches, der in echter Weise begriffen hat, dass es im Nichtleben nichts Schreckliches gibt. Darum ist jener einfältig, der sagt, er fürchte den Tod nicht, weil er schmerzen wird, wenn man ihn erwartet. Denn was uns nicht belästigt, wenn es wirklich da ist, kann nur einen nichtigen Schmerz bereiten, wenn man es bloß erwartet.

Das schauerlichste Übel also, der Tod, geht uns nichts an; denn solange wir existieren, ist der Tod nicht da, und wenn der Tod da ist, existieren wir nicht mehr. Er geht also weder die lebenden an noch die Toten; denn die einen geht er nicht an, und die anderen existieren nicht mehr. Die Menge freilich flieht bald den Tod als das ärgste der Übel, bald sucht sie ihn als Erholung von den Übeln im Leben. Der Weise dagegen lehnt weder das Leben ab noch fürchtet er das Nichtleben. Denn weder belästigt ihn das Leben noch meint er, das Nichtleben sei ein Übel. Wie er bei der Speise nicht einfach die größte Menge vorzieht, sondern das Wohlschmeckendste, so wird er auch nicht eine möglichst lange, sondern eine möglichst angenehme Zeit zu genießen trachten.

Lebensbaum, © Deutsch-Afrikanische Gesellschaft, Berlin

Wer aber dazu mahnt, der Jüngling solle edel leben und der Greis edel sterben, der ist töricht, nicht nur, weil das Leben liebenswert ist, sondern auch weil die Sorge für ein edles Leben und diejenige für einen edlen Tod eine und dieselbe ist.

Noch viel schlimmer steht es mit dem, der sagt: »Das beste ist, nicht geboren zu sein – wenn man aber geboren ist, so eilig als möglich zu den Toren des Hades zu streben.« Wenn er das nämlich aus Überzeugung sagt, warum scheidet er dann nicht aus dem Leben? Dies steht ihm ja frei, wenn er wirklich zu einem festen Entschlusse gekommen ist. Wenn es aber bloßer Spott ist, so ist es ein einfältiger Spott bei Dingen, die Spott nicht vertragen.

Aus: Hubert Schleichert, Von Platon bis Wittgenstein. Ein philosophisches Lesebuch, Verlag C. H. Beck, München 1998, 365f.

- Fassen Sie die wichtigsten Aussagen des Textes zusammen. Mit welchen Begriffen beschreibt Epikur die seiner Meinung nach angemessene Haltung zu Leben und Tod?
- Welche Gründe nennt Epikur für seine Position? Entstehen aus seinem Lebens- bzw. Todesverständnis Orientierungen für das Handeln der Menschen?
- Welchen Aspekten von Epikurs Haltung stimmen Sie gerne zu? Welche sind Ihnen fremd? Welchen widersprechen Sie? Können Sie Ihre Position begründen?
- Vergleichen Sie die Haltung Epikurs mit der von Fernando Savater (S. 30) und arbeiten Sie die Unterschiede und die Gemeinsamkeiten dieser Positionen heraus.

Peter Singer: Nicht alles Leben ist heilig

Peter Singer, © Agentur laif

Der 1946 in Melbourne/Australien geborene und in den USA lehrende Philosoph Peter Singer in einem Spiegel-Interview über den moralischen Status von Embryonen, das Lebensrecht von Neugeborenen und die Revolution der westlichen Ethik.

Spiegel: Herr Professor Singer, nehmen wir an, Ihre Tochter wäre schwanger, und der Frauenarzt eröffnet ihr: Das Baby wird unter Hämophilie, der Bluterkrankheit, leiden. Würden Sie ihr zur Abtreibung raten?

Singer: Meine Tochter ist erwachsen und braucht meinen Rat nicht. Wenn sie entscheidet, dass Hämophilie keine so schwere Krankheit ist und dass sie die Schwangerschaft fortsetzen will – gut. Wenn sie entscheidet, die Schwangerschaft zu beenden, weil sie lieber ein Kind ohne diese Krankheit haben will – auch gut.

Spiegel: Tatsache aber ist: Sie könnte sich heutzutage für beide Möglichkeiten entscheiden …

Singer: … eine Entscheidung, die sie noch vor kurzem nicht hätte fällen können. Das ist richtig. Denn wenn eine neue Technik wie die der Gentests bereitsteht, dann stellt sie uns auch vor neue Entscheidungen.

Spiegel: Ist es diese Wahlfreiheit, die Sie meinten, als Sie einmal von einer »gewaltigen Verschiebung im Fundament westlicher Ethik« sprachen?

Singer: Ja. Wir fällen Entscheidungen darüber, welche Art von Leben wir fortsetzen wollen und welche nicht.

Spiegel: Und das führt zu einer Revolution der Ethik, die Sie sogar mit der kopernikanischen Wende verglichen haben?

Singer: Genau. Diese Revolution setzt sich aus vielen Facetten zusammen, beginnend vielleicht mit der Definition des Hirntodes als Tod des Menschen – schon darin liegt eine Abkehr von der Vorstellung, dass jeder atmende, warme menschliche Organismus gleichermaßen wertvoll ist. Zu dieser Entwicklung gehört aber auch die Tatsache, dass wir bei todkranken Patienten erwägen, auf eine weitere Behandlung zu verzichten, oder auch die Debatte um Euthanasie […]. Das Entscheidende in all diesen Fällen ist: Das Postulat, dass alles menschliche Leben heilig ist, gilt nicht mehr.

Spiegel: Und was wird an die Stelle dieses Postulats gesetzt?

Singer: Es gibt nicht mehr die einfachen konkreten Antworten, wie sie uns die alte Ethik bot. Das Leben ist eben zu kompliziert.

Spiegel: Wären nicht aber klare Antworten sehr wünschenswert, wenn es um etwas so Fundamentales geht wie den Tod?

Singer: Vergessen Sie nicht: Das, wovon ich spreche, geschieht ja längst, in jedem größeren Krankenhaus und jeder Großstadt in der entwickelten Welt. […]

Spiegel: Woher bezieht denn dann die neue Ethik, von der Sie sprechen, ihre Maßstäbe?

Singer: Ich glaube nicht daran, dass uns ein Gott moralische Gesetze auf Steintafeln überreicht hat. Wir müssen uns schon auf uns selbst verlassen und auf die Vernunft setzen, um einen möglichst konsistenten Standpunkt zu entwickeln. […]

Spiegel: Lassen Sie uns versuchen, Ihr Denkmodell auf Embryonen anzuwenden. Zunächst: Wann beginnt in Ihren Augen menschliches Leben?

Singer: Darüber gibt es unterschiedliche Meinungen – aber unter ethischem Gesichtspunkt ist es gar nicht furchtbar wichtig, für welche davon man sich entscheidet.

Spiegel: Nein? Über keine Frage wird in der gegenwärtigen Debatte um embryonale Stammzellen so erbittert gestritten wie über diese.

Singer: Das ist eben falsch. Moralisch wichtig ist doch nicht, ob ein Embryo menschliches Leben ist, sondern einzig die Frage, welche Fähigkeiten und Eigenschaften er hat. Denn auf diese gründet sich sein moralischer Status.

Spiegel: Ein früher Embryo hat aber kaum höhere Fähigkeiten als ein Bakterium oder, sagen wir, eine Kartoffelpflanze. Also steht er mit ihnen auf einer moralischen Stufe?

Singer: Der Unterschied besteht darin, dass der Embryo leibliche Eltern hat, denen dieser Embryo etwas bedeuten könnte. Und die hat eine Kartoffelpflanze nicht.

Aus: Der Spiegel 48/2001 (26. November 2001)

- Fassen Sie die wichtigsten Aussagen des Textes zusammen. Wie beschreibt Peter Singer die seiner Meinung nach angemessene Haltung zu Leben und Tod?
- Wie unterscheidet er dabei zwischen dem Menschen und anderen Lebewesen? Welche Gründe nennt er für diese Position? Welche Orientierungsmaßstäbe für menschliches Handeln lassen sich aus seiner Position ableiten?

Albert Schweitzer: Ehrfurcht vor dem Leben

Der Arzt, Theologe und Musiker Albert Schweitzer (1875–1965) ging nach Lambarene, ein Ort im Urwald von Zentralafrika, und gründete dort ein Krankenhaus. Leitsatz seiner jahrzehntelangen Arbeit war: »Ich bin Leben, das leben will, inmitten von Leben, das leben will.« Diesen Gedanken nannte er die »Ehrfurcht vor dem Leben«. Für seine Arbeit wurde Albert Schweitzer 1952 mit dem Friedensnobelpreis ausgezeichnet.

Wie in meinem Willen zum Leben Sehnsucht ist nach dem Weiterleben und nach der geheimnisvollen Gehobenheit des Willens zum Leben, die man Lust nennt, und Angst vor der Vernichtung und der geheimnisvollen Beeinträchtigung des Willen zum Leben, die man Schmerz nennt: also auch in dem Willen zum Leben um mich herum, ob er sich mir gegenüber äußern kann oder ob er stumm bleibt.

Ethik besteht also darin, dass ich die Nötigung erlebe, allem Willen zum Leben die gleiche Ehrfurcht vor dem Leben entgegenzubringen wie dem eigenen. Damit ist das denknotwendige Grundprinzip des Sittlichen gegeben. Gut ist, Leben erhalten und Leben fördern; böse ist, Leben vernichten und Leben hemmen.

Tatsächlich lässt sich alles, was in der gewöhnlichen ethischen Bewertung des Verhaltens der Menschen zueinander als gut gilt, zurückführen auf materielle und geistige Erhaltung oder Förderung von Menschenleben und auf das Bestreben, es auf seinen höchsten Wert zu bringen. Umgekehrt ist alles, was in dem Verhalten der Menschen zueinander als böse gilt, seinem letzten Wesen nach materielles oder geistiges Vernichten oder Hemmen von Menschenleben und Versäumnis in dem Bestreben, es auf seinen höchsten Wert zu bringen. Weit auseinander liegende, untereinander scheinbar gar nicht zusammenhängende Einzelbestimmungen von Gut und Böse fügen sich wie zusammengehörige Stücke ineinander, sobald sie in dieser allgemeinen Bestimmung von Gut und Böse erfasst und vertieft werden.

Das denknotwendige Grundprinzip des Sittlichen bedeutet aber nicht nur Ordnung und Vertiefung der geltenden Anschauungen von Gut und Böse, sondern auch Erweiterung. Wahrhaft ethisch ist der Mensch nur, wenn er der Nötigung gehorcht, allem Leben, dem er beistehen kann, zu helfen, und sich scheut, irgendetwas Lebendigem Schaden zu tun. Er fragt nicht, inwiefern dieses oder jenes Leben als wertvoll Anteilnahme verdient, und auch nicht, ob und wieweit es noch empfindungsfähig ist. Das Leben als solches ist ihm heilig. Er reißt kein Blatt vom Baume ab, bricht keine Blume und hat Acht, dass er kein Insekt zertritt. Wenn er im Sommer nachts bei der Lampe arbeitet, hält er lieber das Fenster geschlossen und atmet dumpfe Luft, als dass er Insekt um Insekt mit versengten Flügeln auf seinen Tisch fallen sieht.

Ethik ist ins Grenzenlose erweiterte Verantwortung gegen alles, was lebt.

In ihrer Allgemeinheit mutet die Bestimmung der Ethik als Verhalten in der Gesinnung der Ehrfurcht vor dem Leben kalt an. Aber sie ist die einzig vollständige. Mitleid ist zu eng, um als Inbegriff des Ethischen zu gelten. Es bezeichnet ja nur die Teilnahme mit dem leidenden Willen zum Leben. Zur Ethik gehört aber das Miterleben aller Zustände und aller Aspirationen des Willens zum Leben, auch seiner Lust, auch seiner Sehnsucht, sich auszuleben, auch seines Dranges nach Vervollkommnung.

Aus: Otfried Höffe, Lesebuch zur Ethik, Verlag C. H. Beck, München 1998, 348ff.

Albert Schweitzer, © picture-alliance

- Fassen Sie die wichtigsten Aussagen des Textes zusammen. Mit welchen Begriffen beschreibt Albert Schweitzer die seiner Meinung nach angemessene Haltung zu Leben und Tod?
- Welche Gründe nennt er für seine Position? Welche Orientierungsmaßstäbe für menschliches Handeln lassen sich aus seiner Position ableiten?
- Vergleichen Sie die Haltung Albert Schweitzers mit der von Peter Singer (S. 32). Welche Unterschiede werden deutlich? Worin stimmen Sie Albert Schweitzer zu? Welche Gedanken und Ansichten sind Ihnen fremd? Welchen widersprechen Sie? Können Sie Ihre Position begründen?

Das Leben behält das letzte Wort – eine christliche Deutung

Die Bibel preist Gott als den Schöpfer und Erhalter des Lebens. Er setzt sowohl dem Kosmos wie dem Leben aller Kreaturen Grenze und Maß. Der Mensch, der als einziges Wesen sich seiner Endlichkeit bewusst ist, handelt klug, wenn er seines kommenden Todes eingedenk bleibt und die ihm gegebene Zeit verantwortungsvoll nutzt.

Das Wissen um den eigenen Tod stellt den Menschen vor die Frage, wie er sein Leben angesichts des sicheren Todes versteht, welchen Sinn er seinem Leben und Sterben gibt. Hier gibt es in unserer Gesellschaft unterschiedliche Einstellungen. Der Tod kann verdrängt und tabuisiert, als das natürliche Ende der Lebenskurve des Menschen hingenommen, philosophisch überhöht oder als die befreiende Trennung der unsterblichen Seele vom vergänglichen Leib betrachtet werden. Diese verschiedenen »Todesbilder« stellen eine Herausforderung an die christliche Sicht des Todes dar.

Wie alle Menschen haben auch die Christen Angst vor dem Tod, der nach dem Zeugnis der Schrift der letzte Feind ist (vgl. 1. Kor 15,26; Offb 20,14). Der Tod ist auch »Sold der Sünde«, Zeichen der Entfremdung von Gott, der Quelle und Fülle des Lebens.

Doch der harten Wirklichkeit des Todes setzt Gott die unzerstörbare Kraft seines Lebens entgegen. Durch Jesu Tod und Auferstehung ist das Urteil über den Tod gefällt. Es besagt, dass nicht der Tod, sondern das Leben das letzte Wort behält. In der Nachfolge Jesu ist der Tod nicht mehr nur das Schicksal, das über uns kommt. Er kann christlich als Ausdruck des Willens des göttlichen Vaters verstanden und angenommen werden.

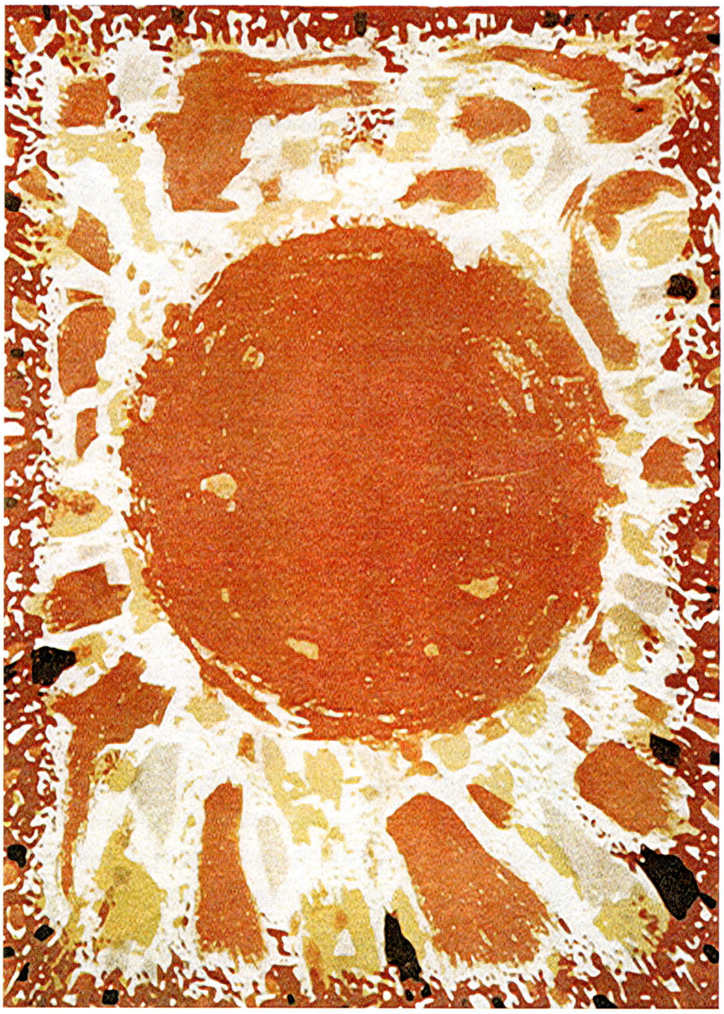

Alfred Manessier, Auferstehung, 1949,
© VG Bild-Kunst, Bonn 2008

Für den christlichen Glauben ist der Tod Ende der Pilgerschaft und Durchgang zum ewigen Leben. Das ewige Leben ist zwar bereits in unserem irdischen Dasein gegenwärtig, aber noch nicht in seiner ganzen unbedrohten Fülle. Wer glaubt, ist bereits jetzt vom Tod zum Leben hinübergegangen (vgl. Joh 5,24; vgl. auch Röm 6,13). Deshalb sind wir in diesem Leben nicht nur vom Tod umfangen, sondern zugleich vom ewigen Leben Gottes erfüllt, und erst dadurch können wir die Todesangst überwinden. Wenn wir den Tod als Durchgang zum ewigen Leben bezeichnen, dann führt er nicht ins Nichts hinein oder in eine häufige Wiederverkörperung der Seele (Reinkarnation), sondern wir können aus der Offenbarung sein Ziel angeben. Nach dem Abschiedsgebet Jesu heißt dieses Ziel: dort sein, wo Jesus ist (vgl. Joh 17,24). Die himmlische Herrlichkeit, in die Jesus uns durch Tod, Auferstehung und Himmelfahrt vorangegangen ist, wird auch unsere endgültige Heimat sein, zu der wir geschaffen und berufen sind (vgl. Joh 14,1–3).

Gemeinsame Erklärung der Deutschen Bischofskonferenz und des Rates der Evangelischen Kirche in Deutschland (1990)

Was ist Religion?

Eine religionsphilosophische Stimme: Karl Jaspers

Aufklärung versuchte die wahre Religion dadurch zu finden, dass aus allen Religionen das Beste gesammelt wurde. Das Ergebnis ist aber nicht die eigentliche Wahrheit, gereinigt von historisch Zufälligem, sondern eine Sammlung durch Aufklärung verwässerter Abstraktionen. Die Quelle dieses universalen Glaubens wurde in der Tat nur ein kritisch messender Verstand. Der Gehalt ging verloren. Das Ergreifende verschwand. Triviale Allgemeinheiten blieben übrig.

Da aller Glaube geschichtlich ist, liegt seine Wahrheit nicht in einer Summe von Glaubenssätzen, sondern immer nur auf den Wegen, die wirklich gegangen werden und nicht alle zugleich und gleicherweise gegangen werden können.

Daher kann rationale Kritik dieses Wahre nicht ergreifen. Vielmehr muss der Mensch im Zusammenhang seines eigenen Schicksals mit dem Angesprochenwerden aus der Überlieferung die Wahrheit offenbar werden lassen, das heißt sie aneignen. Das kann beim Hören aus der Tiefe des Vergangenen nur geschehen im Sichgeschenktwerden durch inneres Handeln

Aus: Karl Jaspers, Was ist Philosophie?, Piper Verlag, München [2]1978, 218

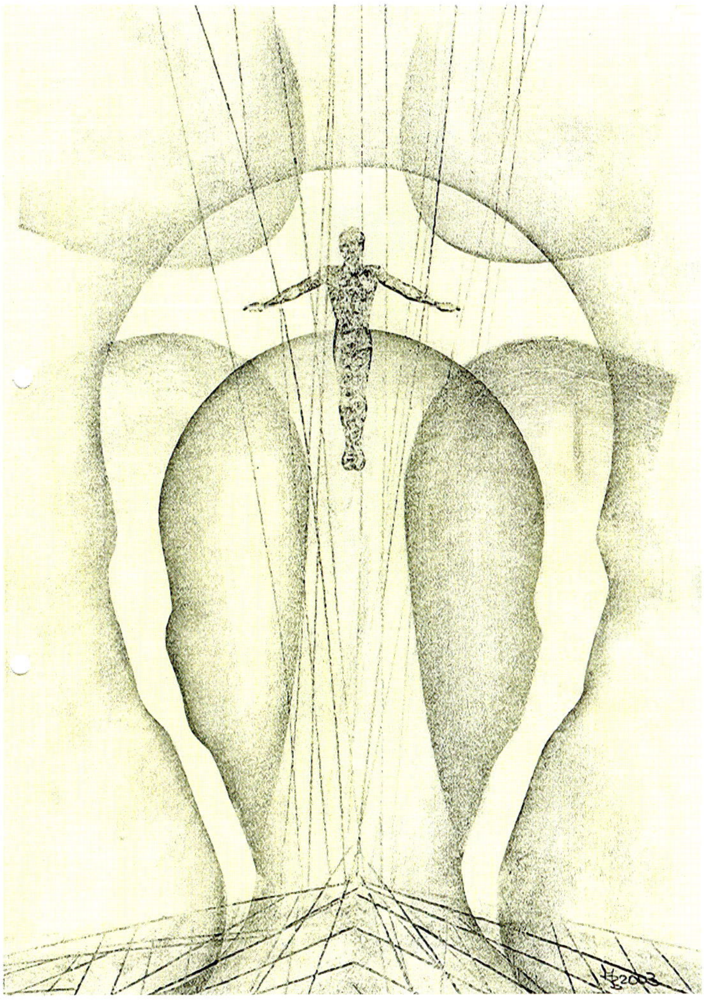

Martin Burchard, 2003

Die Stimme eines christlichen Theologen: Paul Tillich

Der Zirkel jedoch, innerhalb dessen der Theologe arbeitet, ist enger als der des Religionsphilosophen. Er fügt dem »mystischen Apriori« das Kriterium der christlichen Botschaft hinzu. Der Religionsphilosoph will in seinen Begriffen allgemein und abstrakt bleiben, wie schon der Begriff »Religion« andeutet, der Theologe dagegen ist bewusst und mit Absicht spezifisch und konkret. Der Unterschied ist natürlich nicht absolut. Da die Erfahrungsgrundlage jeder Religionsphilosophie zum Teil durch die Kulturtradition bestimmt ist, zu der sie gehört (sogar die Mystik ist kulturell bedingt), umfasst sie unweigerlich konkrete und spezielle Elemente. Der Philosoph versucht jedoch in seiner Eigenschaft als Philosoph von diesen Elementen zu abstrahieren und allgemeingültige Begriffe hinsichtlich der Religion zu schaffen. Der Theologe andererseits behauptet die Allgemeingültigkeit der christlichen Botschaft trotz ihres konkreten und speziellen Charakters. Er rechtfertigt diesen Anspruch nicht, indem er von der Konkretheit der Botschaft abstrahiert, sondern indem er ihre unwiederholbare Einzigartigkeit betont.

Aus: Paul Tillich, Systematische Theologie, Bd. 1, Verlag Walter de Gruyter, Berlin, S. 16f.

Der Tod in den Religionen: Hinduismus

Grundzüge des hinduistischen Glaubens

Die heiligen Schriften der Hindus, die *Upanishaden* (entstanden zwischen 800–500 v. Chr.) enthalten keine homogene philosophische Lehre, sondern eine Vielfalt von Anschauungen. Am bekanntesten und wirkungsreichsten ist die Lehre von *Brahman* und *Atman*.

Brahman wird begriffen als der in sich ruhende Urgrund allen Seins, als das alles durchdringende Wesen der Welt. *Atman* bedeutet das Selbst (die Seele) des Einzelnen, im Sinne seines eigentlichen Wesens. *Atman* grenzt sich so von dem ab, was dem Menschen nur äußerlich und uneigentlich zukommt.

Die entscheidende Erkenntnis, zu der der Mensch gelangen muss, ist, dass *Atman* und *Brahman* im Grunde Eines sind. Es gibt nur das eine, alles durchwaltende Weltprinzip, in das sowohl die einzelne Seele als auch alles Sein der Welt eingebettet ist. In seinem eigenen Innersten kann der Mensch das unvergängliche Innerste des Seins erfassen. »Wahrlich Brahman ist diese ganze Welt … Dieser ist mein Atman im inneren Herzen.«

Der zweite bedeutende Gedanke ist die Lehre von *Karma* und *Wiedergeburt*: ein Mensch wird aufgrund seiner Taten (*Karma*) nach seinem Tod in neuer Gestalt wiedergeboren. Die Kette der Wiedergeburten ist ewig, da alles Tun den Kreislauf der Seelenwanderung in Gang hält.

Der Begriff *Samsara* (»der zum Ausgang zurückkehrende Lauf«) bezeichnet die Verstrickung des Menschen in dieses Weltgeschehen. Ihm liegt eine sittliche Weltordnung zu-

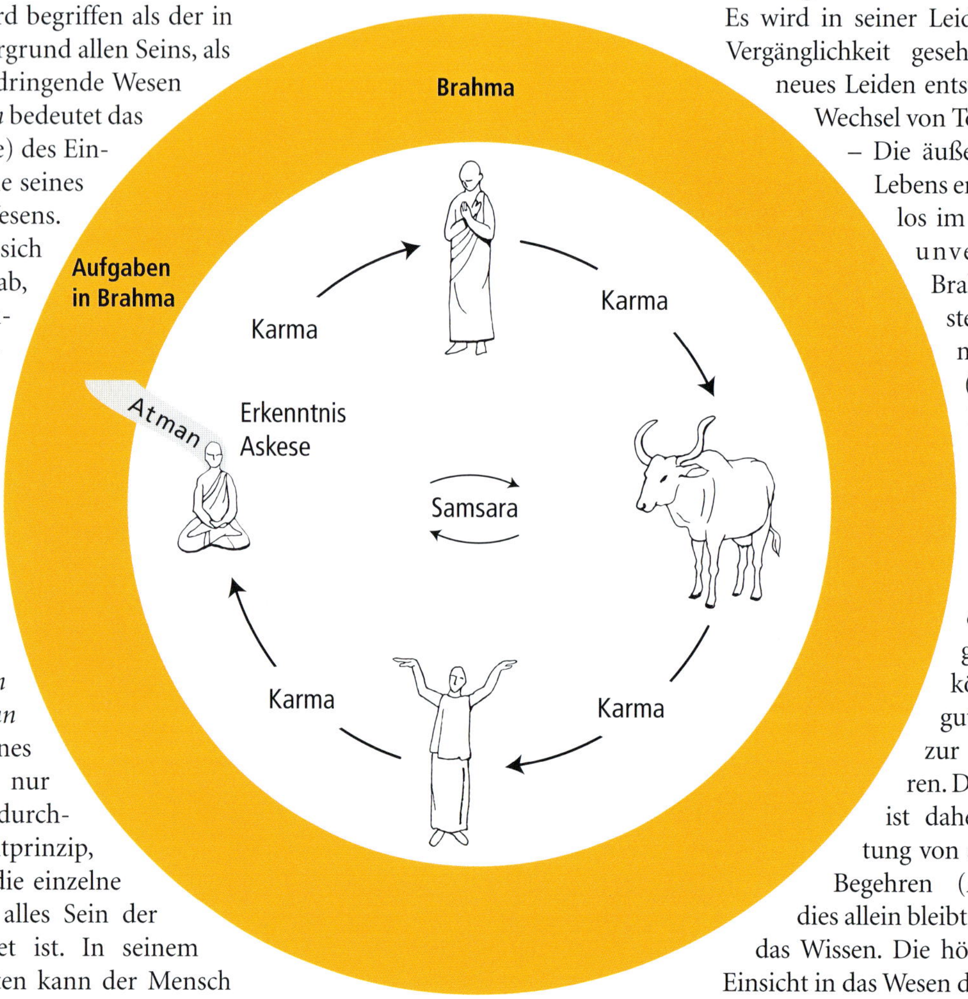

grunde, denn gute oder schlechte Taten führen zu einer entsprechenden höheren oder niederen Lebensform im künftigen Dasein.

Dahinter steht der Gedanke eines ewigen Weltgesetzes (*Dharma*), das kosmisch allem Geschehen ordnend zugrunde liegt und sich für den Menschen als Maßstab seines Handelns manifestiert. Jeder Einzelne ist verpflichtet, in Übereinstimmung mit seinem *Dharma* zu leben, indem er die ihm gemäß seiner gesellschaftlichen Stellung zukommenden Pflichten erfüllt.

Im Laufe der Upanishadenzeit vollzieht sich eine pessimistische Umbewertung des menschlichen Daseins. Es wird in seiner Leidhaftigkeit und Vergänglichkeit gesehen. – Immer neues Leiden entsteht im ewigen Wechsel von Tod und Geburt. – Die äußeren Güter des Lebens erscheinen wertlos im Vergleich zum unvergänglichen Brahman. So entsteht der Wunsch nach Erlösung (*Moksha*) als Befreiung vom Kreislauf der Wiedergeburten. Da die Taten Ursache und Band der Wiedergeburten sind, können noch so gute Werke nicht zur Erlösung führen. Der richtige Weg ist daher die Enthaltung von allem Tun und Begehren (Askese). Aber dies allein bleibt fruchtlos ohne das Wissen. Die höchste, intuitive Einsicht in das Wesen des Brahman ist die erlösende Kraft: denn wer um das Brahman weiß, ist selbst Brahman.

»Das Brahman bin ich: wer das weiß, wird von allen Banden frei.« Wie der Fluss im Meer namenlos und gestaltlos verschwindet, so löst sich die individuelle Existenz des Weisen im unendlichen Brahman auf.

Sterben und Tod

Die Vorstellungen des Hinduismus von Sterben und Tod sind geprägt von dem Kreislauf des Lebens aus Tod und Wiedergeburten. Abhängig von seinen Taten wird das Selbst des Menschen, das sogenannte *Atman,* in einer neuen Gestalt wiedergeboren. Dieser Denkweise liegt eine sittliche Weltordnung zu Grunde, ist es doch von den guten oder schlechten Taten des Menschen abhängig, in welcher Lebensform, einer höheren oder einer niedrigeren, er wiedergeboren wird. Durch diese Taten, deren Summe als *Karma* bezeichnet wird, wird die neue Existenzform nach der Wiedergeburt bestimmt. So bedeutet jeder Tod auch die Chance auf eine neue bessere Existenzform. Lebensaufgabe ist es, seine Existenz in Übereinstimmung mit dem Weltethos zu gestalten.

Durch die zunehmend negative Bewertung des menschlichen Daseins, das hauptsächlich mit Blick auf die Vergänglichkeit und Leiden gesehen wird, entsteht der Wunsch nach Erlösung (*Mokscha*) aus dem Kreislauf der Wiedergeburten (*Samsara*). Ausweg bietet nicht die Askese allein, sondern nur das Wissen um und die Einsicht in das unendliche Brahman.

Nach hinduistischer Vorstellung besteht der menschliche Körper aus den fünf Elementen Feuer, Wasser, Wind, Erde und Raum. Im Tod löst er sich auf. Es kommt zur Trennung vom weltlich-körperlichen Teil des Menschen und dem »Leib der Gedanken und Gefühle«, der erst einige Tage nach der Verbrennung der Leiche vergeht. Das *Atman* geht dann in eine neue Existenz ein.

Bestattung im Hinduismus

Der Hinduismus ist keine einheitliche Religion, und entsprechend gibt es auch keine festgelegten, für alle Hindus gültigen Bestattungsregeln. Der Sterbende soll zum Zeitpunkt des Todes möglichst positive Gedanken haben, weil dies die Form der Wiedergeburt beeinflusst. Nach Möglichkeit ziehen sich Sterbende zurück, bedenken ihr vergangenes Leben, führen Rituale zu Ehren der Gottheiten durch, das heißt sie besinnen sich auf die religiöse Grundlage des Seins.

Wenn der Tod eingetreten ist, werden die Verstorbenen einer rituellen Reinigung (Waschung) unterzogen. Der Körper wird gebadet, mit edler Salbe eingerieben und mit neuer Kleidung versehen. Der Leichnam bleibt drei Tage zuhause. Dort nehmen Freunde und Angehörige Abschied.

Im Hinduismus werden die Leichen der Verstorbenen verbrannt. In Indien wird die Verbrennung (*Antyesti*) auf eigens dafür vorgesehenen Plätzen durchgeführt. Die Leichname werden auf Holzstöße gelegt. Dies erfolgt nach Möglichkeit am Ufer eines Flusses, häufig am Ganges, dem heiligen Fluss Indiens. Die Angehörigen und/oder spirituellen Lehrer führen Opfer und verschiedene andere Riten durch; das Verbrennungszeremoniell kann zwei Tage lang dauern. Am dritten Tag wird die Asche der Verstorbenen eingesammelt und am oder nach dem zehnten Tag in den Fluss gestreut oder in der Erde vergraben.

Nach der Verbrennung wird das Haus des Toten rituell gereinigt, die Verwandten fasten zwei Tage lang, acht Tage lang wird im Haus nicht gekocht. Versorgt werden die Trauernden von Freunden und Nachbarn. Haare und Bart werden nicht geschnitten, bis zum 31. Tag ist der Besuch des Tempels für Blutsverwandte nicht gestattet.

Einige Zeit nach der Verbrennung kommen Verwandte und Verstorbene des Toten zu einem Gedenkfest zusammen. Einmal jährlich führen die Verwandten dann ein Ahnenritual durch. Dabei werden dem Verstorbenen Opfergaben dargebracht.

Nach: www.religion-online.info.de, © REMID Religionswissenschaftlicher Medien- und Informationsdienst e.V., Universitätsstraße 55, D-35037 Marburg

Traditionelle Hindus verbrennen die Toten. Nur Kleinkinder und umherziehende Heilige (Sannjasins) werden beerdigt. Die Todesrituale sind wichtig, um die Seele (Atman) zu befreien, damit sie ihre Reise hin zur endgültigen Befreiung (Mokscha) fortsetzen kann.
Aus: Peter B. Clarke, Atlas der Weltreligionen, Frederking & Thaler, München 1994, S. 126

Der Tod in den Religionen: Buddhismus

Der Buddhismus ist aus dem Hinduismus heraus entstanden. Ebenso wie dort wird das Leben als Kreislauf von Wiedergeburten gesehen. Ziel für den Buddhismus ist es, aus diesem Kreislauf auszubrechen und ins *Nirvana* zu gelangen, ein Zustand absoluter Begierdelosigkeit. Das Erreichen dieses Zieles hängt von den Absichten des Menschen ab, die im Laufe des Lebens angesammelt werden. Von der Absicht, die hinter einer Tat stand, ist es abhängig, ob ein Mensch nach seinem Tod noch einmal leben muss und unter welchen Bedingungen er erneut geboren wird. Das Wissen und die Beachtung der »vier edlen Wahrheiten« führt ins Nirvana:

1. Das Leben ist Leiden.
2. Ursache des Leidens ist der Lebensdurst.
3. Die Befreiung vom Leiden ist die Auslöschung des Lebensdurstes.
4. Der Weg zur Aufhebung des Leidens ist der »achtfache Pfad«.

Der »achtfache Pfad« enthält die ethischen Gebote Buddhas: rechte Anschauung, rechte Gesinnung, rechtes Reden, rechtes Handeln, rechter Lebensunterhalt, rechtes Streben, rechtes Überdenken, rechtes Sich-Versenken.

Da alles dem Kreislauf von Werden und Vergehen unterliegt, gibt es auch kein beständiges Sein, weshalb Buddha auch die hinduistische Lehre des Atman ablehnt (vgl. S. 36). Dem Weltgeschehen liegen folglich auch keine materiellen oder geistigen Substanzen zugrunde, sondern fünf Daseinsfaktoren (*Skandas*): Körperliches, Empfindungen, Unterscheidungen, Triebkräfte, Bewusstseinsakte. Sie konstituieren alle greifbaren Erscheinungen. Im Tod löst sich das aus den *Skandas* gebildete Ich, das auch im Leben stetem Wandel unterworfen war, auf. Da es keine bleibende Seelensubstanz gibt, ist das neue Lebewesen, das aus den Taten eines früheren entsteht, nicht leibseelisch mit diesem identisch.

Im Sterbeprozess wird der Sterbende möglichst von einem religiösen Meister begleitet, der ihm gut zuredet, um ihm die Angst zu nehmen. Man bringt den Sterbenden in die sogenannte Löwenstellung, ein besonderes Liegen auf der rechten Seite, in der auch Buddha angeblich aus dem Leben schied (vgl. die Abb. S. 4).

Wenn auf ein dreimaliges Ausatmen kein Einatmen mehr folgt, ist der medizinische Tod eingetreten. Der Tote darf die erste halbe Stunde nach Eintritt des Todes nicht mehr berührt werden, weil sein Bewusstsein noch wach ist. Innerhalb von drei Tagen muss die Bestattung erfolgen. Ist dies nicht möglich, muss bis zum 49. Tag mit der Bestattung gewartet werden. Das Bewusstsein fällt für drei Tage nach dem Tod in Ohnmacht. In dieser Zeit ist Platz für Trauer und Klage, da der Geist des Verstorbenen in dieser Phase nicht abgelenkt werden kann. Nach dem dritten Tag erwacht das Bewusstsein wieder. Erst langsam wird ihm klar, dass der ehemalige Körper tot ist. In dieser Zeit helfen Hinterbliebene, indem sie beispielsweise an Orten der Erinnerung Bilder aufstellen und dem Geist in Meditationen Wünsche für eine gute Wiedergeburt ausdrücken.

Die buddhistischen Bestattungszeremonien sind regional unterschiedlich. Meist wird der Leichnam jedoch verbrannt. Die Asche wird ins Meer oder in Flüsse gestreut oder vom Wind verweht.

Skelette werden in Meditationssälen und am Ende von Meditationswegen aufgehängt, um das Bewusstsein zu stärken, dass Männer, Frauen und Kinder Leiden, Krankheit, Alter und Tod unterworfen sind. Die Erkenntnis und Annahme dessen bringt, so glauben Buddhisten, Erleuchtung und endgültigen Frieden.
Aus: Peter B. Clarke, Atlas der Weltreligionen, Frederking & Thaler, München 1994, S. 167. Foto: © Graham Harrison.

Das Lebensrad

Bei dem rechts abgebildeten »Lebensrad« handelt es sich um eine Wandmalerei aus einem tibetischen Kloster. Es stellt wie in einem Bilderbuch die Zusammenhänge der Welt und des Lebens dar, die Buddha in den Nächten vor seiner Erleuchtung bewusst wurden.

Auf die zahlreichen, nur mit einem Vergrößerungsglas erkennbaren Details soll hier nicht eingegangen werden. Doch bereits die Gesamtkomposition hat eine klare Aussage:

Das Rad des Lebens – nicht zu verwechseln mit dem »Rad der Lehre« – wird gehalten von Mara, der Personifikation des Bösen. Sein dunkler Kopf ist mit Totenschädeln geschmückt. Seine Klauen halten das Rad wie eine Scheibe oder Trommel vor seinem Bauch.

In der Radnabe sind die drei Grundübel abgebildet, die das Rad des Lebens und der Leiden in Bewegung halten: ein bläulicher Hahn, der die Gier symbolisiert, eine grünliche Schlange, die für den Hass steht, und ein graufarbenes Schwein als Symbol der Verblendung. Sie beißen einander in den Schwanz und treiben sich auf diese Weise gegenseitig an.

Im Kreis, der die Nabe umgibt, sehen wir im rechten, schwarzen Teil unwissende Menschen, die nach unten stürzen. Im linken, hellen Teil sind Menschen zu erkennen, die sich auf dem rechten Weg befinden und sich von unten nach oben zu immer größerer Erkenntnis hin entwickeln.

Die sechs Segmente des nächsten Kreises sind durch die Radspeichen voneinander getrennt. Sie stellen die Bereiche des Lebens dar, in die wir nach buddhistischer Auffassung immer wieder hineingeboren werden, solange wir nicht Gier, Hass und Verblendung in uns überwunden haben. In jedem Segment befindet sich eine Buddha-Figur, die in immer wieder neuer Gestalt Hilfe anbietet.

Der relativ glücklichste Daseinsbereich, in der Mitte oben, ist der der Götter. Götter haben es aber schwer, die Notwendigkeit der Erlösung zu erkennen. Sie hören deshalb kaum zu, wenn die Gestalt des Helfers ihnen, von der Laute begleitet, etwas vorsingt.

Rechts von diesem Segment sind Titanen im Kampf zu sehen. Die Helferfigur hat Mühe, Frieden zu stiften.

Im nächsten Segment sind Tiere abgebildet, die sich gegenseitig jagen und fressen. Auch ihnen gegenüber kann sich die Buddha-Gestalt kaum verständlich machen.

Das vierte Segment, in der Mitte unten, will die Hölle darstellen; Menschen müssen allerlei Qualen erleiden.

Das fünfte Segment zeigt das Reich der Gespenster und Totengeister, gepeinigt von Hunger und Durst.

Das letzte Segment schließlich stellt die alltägliche Menschenwelt dar. In ihr geht es vergleichsweise friedlich zu. Buddha predigt vor dem Eingang eines Klosters. Die Chancen, dass seine Botschaft gehört wird, sind größer als in den anderen fünf Bereichen des Daseins.

Aus: Peter Kliemann, Das Haus mit den vielen Wohnungen. Eine Einführung in die Religionen der Welt, Calwer Verlag, Stuttgart 2004, S. 94ff.

Wachsamkeit ist der Pfad der Unsterblichkeit;
Unachtsamkeit ist der Pfad des Todes.
Die, die wachsam sind, sterben nie;
die, die nicht wachsam sind, sind schon tot.

Dharmapada 2,21

Der Tod in den Religionen: Islam

Bei der Geburt sind besondere Riten vorgeschrieben: Wenn in einer muslimischen Familie ein Kind geboren wird, werden sogleich nach Trennung der Nabelschnur der *Adhan* in das rechte und die *Iqamah* in das linke Ohr des Kindes auf Arabisch gesprochen. Die Iqamah, d.h. der Gebetsaufruf bzw. der »Ruf zum Aufstehen«, ist eine Art zweiter Gebetsruf, mit dem das Ritualgebet eingeleitet wird. Es ist eine leicht modifizierte Wiederholung des Gebetsrufs »Adhan« mit dem Zusatz »Steht auf zum Gebet«. Auf diese Weise hört das Kind als erstes Wort das Bekenntnis des Glaubens.

Der *Adhan* lautet auf Deutsch wie folgt:

Gott ist größer (viermal)
Ich bekenne, dass es keinen Gott gibt außer Gott (zweimal)
Ich bekenne, dass Muhammad der Bote Gottes ist (zweimal)
erhebe dich zum Wohlergehen (zweimal)
Gott ist größer (zweimal)
Es gibt keinen Gott außer Gott

Tod und Bestattung

Auf dem Totenbett versucht der sterbende Muslim die Worte des Glaubensbekenntnisses zu sprechen. Die am Totenbett Anwesenden rezitieren aus dem Koran, bitten Gott um Vergebung und sprechen auch das Glaubensbekenntnis aus zur Erinnerung des Sterbenden.

Nach Eintritt des Todes wird der Verstorbene gewaschen. Der Leichnam wird nach der Waschung mit weißen Leichentüchern umhüllt. Eine Autopsie ist verboten außer in Notfällen (z.B. auf gerichtliche Anordnung). Vor der Beerdigung, die möglichst noch am Tag des Todes stattfinden soll, muss ein spezielles Totengebet verrichtet werden.

Muslime müssen in einem für sie bestimmten Grabfeld erdbestattet werden, d.h. die Kremation ist nicht erlaubt. Die Gräber sollen so angelegt sein, dass der Verstorbene, auf der rechten Seite liegend, mit dem Gesicht nach Mekka ausgerichtet werden kann. Der in Leichentücher eingewickelte Leichnam wird direkt in die Erde gelegt oder wenn gesetzliche Vorschriften es verlangen, in einem Sarg erdbestattet. Die Gebeine eines Toten sollten aus dem Grab nicht entfernt werden. Wenn es notwendig wird, ist es erlaubt, die Gebeine würdig und behutsam an einen anderen Ort im Friedhof zu verlegen oder im gleichen Grab zur Seite zu schieben, damit das Grab wieder belegt werden kann.

Galeere des Glaubens (Kalligraphie). Der Rumpf und die Ruder stellen die sieben Glaubensartikel dar (von rechts nach links): »Ich glaube an Gott und an seine Engel, seine Bücher, seine Gesandten, an den Jüngsten Tag, die Vorherbestimmung, das Gute und Böse, und an die Auferstehung nach dem Tode.« Das Segel enthält die Kurzform des Glaubens: »Es gibt keinen Gott außer Gott und Muhammad ist sein Prophet.«
Aus: Der Koran, erschlossen und kommentiert von Adel Theodor Khoury, Patmos Verlag, Düsseldorf 2005, S. 224.

Muslime sollen einander im Sterben beistehen und durch ihr Gebet die Prüfungen nach dem Sterben erleichtern. Der Sterbende wird auf die rechte Körperseite gelegt, sein Gesicht nach Mekka hin ausgerichtet, und die 36. Sure wird verlesen.

Kurz vor Eintritt des Todes wird dem Sterbenden die *Schahada*, das islamische Glaubensbekenntnis, vorgesprochen, die der Sterbende, wenn möglich, nachspricht. Ist der Tod eingetreten, wird der Tote ausgezogen, Kopf und Arme so umwickelt, dass der Körper gerade bleibt, und der Mund geschlossen und zugebunden. Anschließend wird der Leichnam mit einem Tuch zugedeckt.

Der Bestattungsritus besteht aus ritueller Waschung, Totengebet und schließlich der Beisetzung. Sie soll möglichst noch am Todestag stattfinden. Da der Mensch nicht zerstören soll, was Gott geschaffen hat, sind Verbrennungen untersagt. Die Benutzung von Särgen ist unüblich, meist wird der Tote auf einer Tragbahre zum Grab gebracht. Die Beisetzung findet unter Ausschluss von Frauen statt. Der Leichnam wird mit dem Gesicht nach Mekka hin ausgerichtet.

Die intensive Trauerzeit dauert bis zum dritten Tag nach dem Tod, in der sich die Angehörigen weder waschen, kämmen noch die Kleidung wechseln. Auch wird nicht gekocht, die Versorgung der Trauernden übernehmen Verwandte und Freunde. Bis vierzig Tage nach dem Tod sollen die Trauernden sich in gedeckten Farben kleiden und auf weltliche Freuden verzichten. Nach 40 Tagen wird die Trauerzeit rituell beendet, und auf diese Weise die Trauernden wieder in die Gemeinschaft aufgenommen.

Gräber auf dem türkischen Friedhof in Berlin, © picture alliance

Soll es separate Grabfelder für Religionsgemeinschaften geben?

Tages-Anzeiger Zürich vom 29. Juni 2001

Auf öffentlichen Friedhöfen im Kanton Zürich ist es nicht mehr grundsätzlich untersagt, separate Grabfelder für Religionsgemeinschaften einzurichten. Die Kantonsregierung erteilt den Gemeinden die Kompetenz, solche Grabfelder zu bewilligen.

Der Entscheid kam überraschend. Noch vor wenigen Jahren hatte sich der Regierungsrat strikte geweigert, die Bestattungsverordnung zu ändern. Und auch am Mittwoch hat er die Frage »intensiv diskutiert«, wie die Informationsbeauftragte Susanne Sorg gestern vor den Medien erklärte. Oberstes Prinzip sei für die Regierung, dass alle Menschen Anrecht auf eine würdige Bestattung haben, gleich welcher Religion sie angehören oder ob sie gläubig waren. Mit der heutigen Bestattungsverordnung aus dem Jahre 1963 werde dieses Recht garantiert. …

Neue Zürcher Zeitung vom 29. Juni 2001

Auf öffentlichen Friedhöfen können die Gemeinden zukünftig separate Grabfelder für Religionsgemeinschaften einrichten. Der Regierungsrat hat eine entsprechende Änderung der Bestattungsverordnung beschlossen. Damit geht ein seit 25 Jahren mehrfach geäußerter Wunsch der rund 40.000 im Kanton lebenden Muslime in Erfüllung …

Artikel vom 29. Juni 2001

Von einer generellen Aufhebung des Verbots religiöser Grabfelder hat der Kanton abgesehen, weil sich in einer Vernehmlassung viele Gemeinden dagegen ausgesprochen hätten, sagte Regierungssprecherin Susanne Sorg am Donnerstag vor den Medien.

- Wie sollte Ihrer Meinung nach in Deutschland die Frage separater Grabfelder für Religionsgemeinschaften geregelt werden? Diskutieren Sie im Klassenparlament / in der Gruppe und treffen sie eine »Entscheidung«.
- Welche Informationen müssen vor einer Entscheidung eingeholt werden? Stellen Sie die Argumente pro und contra und Ihre Entscheidung auf einem informativen Plakat dar.

Der Tod in den Religionen: Judentum

Die Toten schlafen

Zum Judentum bekennen sich heute etwa 18 Millionen Menschen auf der ganzen Welt. Für Juden bedeutet der Tod kein endgültiges Scheiden. Deshalb sind die Namen des Todesortes auch keine Bezeichnungen der Trauer und des Endes. Im Gegenteil, der Friedhof heißt bei den Juden »Haus des Lebens«. Manchmal wird er auch »Guter Ort« genannt. Nur in Israel hat sich heute die weltliche Bezeichnung »Ort der Gräber« durchgesetzt.

Die Toten.»schlafen« im Staub der Erde, bis sie von Gott aufgrund seines großen Erbarmens wiederbelebt werden. Dadurch verliert der Tod – so schmerzlich auch das Sterben eines lieben Menschen empfunden wird – seinen Schrecken. Der Begräbnisort deutet auch auf die kommende Welt und auf die Auferstehung der Toten hin.

[…]

Die Ehrfurcht vor dem Tode und den Toten wird nur durch die vor dem Leben und den Lebenden übertroffen. Die letzten Liebesdienste, die die jüdische Gemeinschaft dem Toten erweist, sind die Leichenwäsche und die Begleitung zum Begräbnis. Die Leiche wird in einen schmucklosen Holzsarg gelegt, den man sogleich verschließt. Alles, was dem Toten in seinem Leben wichtig war, wird mit ihm bestattet. Die Begleitung zum Grab gehört zur heiligen Pflicht des Juden. Wer einen Leichenzug sieht und sich ihm nicht anschließt, lästert im Menschen seinen Schöpfer. Dieser Lehrsatz drückt die Ehrfurcht der Juden gegenüber dem Toten aus.

Aus: Chaijim Halevy Donin, Jüdisches Leben«, Manava Verlag, Basel

Das Kaddisch

Ein Sohn ist verpflichtet, täglich beim öffentlichen Gottesdienst Kaddisch zu sagen, und zwar für einen Zeitraum von 11 Monaten, beginnend mit dem Tag der Beerdigung. Dies wird als eine die Eltern ehrende Handlung angesehen. Das Kaddisch ist ein spezielles Gebet »für die Toten«, es erwähnt weder Tod noch Trauer. Es ist ein Gebet zum Preise Gottes, eine Erklärung des Glaubens an die ungeheure Größe des Allmächtigen und eine Bitte um endgültige Erlösung und Rettung.

Erhoben und geheiligt, sein großer Name, in der Welt, die er erneuern wird.

Er belebt die Toten und führt sie empor zu ewigem Leben.

Er baut die Stadt Jiruschalajim und errichtet seinen Tempel auf ihren Höhen.

Er tilgt die Götzendienerei von der Erde und bringt den Dienst des Himmels wieder an seine Stelle, und regieren wird der Heilige, gelobt sei er, in seinem Reiche und in seiner Herrlichkeit, in eurem Leben des ganzen Hauses Israel schnell und in naher Zeit, und sprechet: Amen.

Sein großer Name sei gelobt, in Ewigkeit und Ewigkeit der Ewigkeiten!

Es sei gelobt und verherrlicht und erhoben und erhöht und gepriesen der Name des Heiligen, gelobt sei er, hoch hinaus über jede Lobpreisung und jedes Lied, jede Verherrlichung und jedes Trostwort, welche jemals in der Welt gesprochen, und sprechet: Amen.

Es sei der Name des EWIGEN gelobt, von nun an bis in Ewigkeit!

Es sei Fülle des Friedens vom Himmel herab, und Leben, über uns und über ganz Israel, und sprechet: Amen!

Meine Hilfe kommt vom EWIGEN, dem Schöpfer des Himmels und der Erde. Der Frieden schafft in seinen Höhen, er schaffe Frieden unter uns und über ganz Israel, und sprechet: Amen.

In manchen Gemeinden spricht nur eine Person Kaddisch, aber häufig sprechen es alle Trauernden zusammen. Die Gemeinde antwortet mit *j'he schme rabba m'warach l'alam ul'almej almaja* (Sein großer Name sei gepriesen in Ewigkeit und Ewigkeit der Ewigkeiten) und mit »Amen«.

Jüdischer Friedhof Buttenhausen, Foto: Joachim Hahn

Der Jüdische Friedhof – ein Haus des Lebens

*W*ohl nichts klingt so verwunderlich wie diese Formulierung, und doch gehört sie zum Begräbnis- und Totenkult der Juden sowie zu deren Auferstehungsvorstellungen.

Der Prophet Hesekiel beschreibt in einer Vision anschaulich die Auferstehung der Menschen zum Jüngsten Gericht:

> Des HERRN Hand kam über mich, und er führte mich hinaus im Geist des HERRN und stellte mich mitten auf ein weites Feld; das lag voller Totengebeine.
>
> Und er führte mich überall hindurch. Und siehe, es lagen sehr viele Gebeine über das Feld hin, und siehe, sie waren ganz verdorrt.
>
> Und er sprach zu mir: Du Menschenkind, meinst du wohl, dass diese Gebeine wieder lebendig werden? Und ich sprach: HERR, mein Gott, du weißt es.
>
> So spricht Gott der HERR zu diesen Gebeinen: Siehe, ich will Odem in euch bringen, dass ihr wieder lebendig werdet. Ich will euch Sehnen geben und lasse Fleisch über euch wachsen und überziehe euch mit Haut und will euch Odem geben, dass ihr wieder lebendig werdet; und ihr sollt erfahren, dass ich der HERR bin. *Hesekiel 37,1–3.5–6*

Deshalb gibt es auf jüdischen Friedhöfen ewiges Ruherecht; deshalb wird der Mensch in seiner Ganzheit begraben. Auf Ruhe, Leben und Auferstehung weisen die Grabinschriften. Die Texte werden eingeleitet durch die hebräischen Abkürzungen »Hier ruht« oder »Hier ist verborgen« und beendet durch den Segensspruch als Schlusssatz »Seine/Ihre Seele möge eingebunden sein in das Buch des Lebens«.

Schaut man sich auf dem älteren Kasseler Jüdischen Friedhof die beschrifteten Grabplatten an, die älteste weist die Jahreszahl von 1648 als Sterbedatum auf, so ergeben die Übersetzungen weitere Hinweise auf Ewigkeit, ewiges Leben und den »Guten Ort« (jiddisch): »Hier ruht und ist verborgen einer der Aufbewahrten, bis sie zum Leben auferweckt werden. Er wurde abberufen in das himmlische Lehrhaus, und der Schöpfer brachte ihn hinauf. Durch ihre Handlungen und Lieblichkeit mögen sie im Garten Eden und im Tempel des Herrn im Licht der Lebenden weilen. Er wird aufwachen aus seinem Schlaf zum ewigen Leben im Gericht der Gottesfürchtigen und Vollkommenen.«

Ehepartner, Mann und Frau, werden nebeneinander bestattet, ansonsten gilt die Reihenfolge nach den Sterbedaten. Kinder und Alleinstehende haben jeweils eine gesonderte Reihung. Gräber sind mit der Kopflage so ausgerichtet, dass bei der Auferstehung das Angesicht gen Jerusalem schaut. Ältere jüdische Friedhöfe in Deutschland, so auch der Kasseler Judenfriedhof, stehen heute unter Denkmalschutz und werden aus öffentlichen Landesmitteln unterhalten. Sie sind vielfach die einzigen »Lebenszeichen« einstiger jüdischer Gemeinden. Neben dem ewigen Ruherecht gelten für die Toten und die Totenbestattung weitere Grundsätze:

Die Einbettung geschieht in einem schlichten Sarg, denn im Tode sind alle gleich. Noch in Anwesenheit der Trauergemeinde, bevor das »Kaddisch« gebetet wird, schaufeln die männlichen Angehörigen und Freunde oder die Beerdigungsbruderschaft das Grab zu. Man verlässt also nicht die noch offene Grabstelle.

Auch die Grabsteine werden – nach einer Frist von elf Monaten – zumeist in gleicher Größe gesetzt. Seit der zweiten Hälfte des 19. Jahrhunderts gibt es auch Familiengrabstätten und aufwändigere Grabmale. Nach einer Beerdigung ist es den nächsten Angehörigen während der dreißigtägigen strengen Trauerzeit nicht gestattet, die Grabstelle aufzusuchen. Erst wenn sie dem eigenen »Leben« zurückgegeben werden, dürfen sie dieses besuchen.

Wer ein Grab besucht, hinterlässt als Zeichen ein Steinchen; so wird der Verstorbene geehrt und nicht vergessen. Eine Grabbepflanzung findet man auf jüdischen Friedhöfen allgemein nicht. Man lässt Efeu oder Bodendecker auf den Gräbern wachsen oder bestreut diese mit Kies. Mit der Vielgestaltigkeit der Grabmäler in neuerer Zeit veränderte sich auch die Grabsteinsymbolik. Waren zuvor nur Priesterhände, Levitenkanne, Schofar oder Beschneidungswerkzeuge abgebildet, so sind in der Gegenwart vielfach der Davidstern oder Namenssymbole wie Löwe und Hirsch oder auch nicht-jüdische Symbole wie Malerpalette und Äskulapstab. Doch auch Grabsteinformen, -materialien und -inschriften weisen in zunehmendem Maße auf Säkularisierungstendenzen hin. Diese zeigen sich besonders auch in der Errichtung eines Ehrenmals für die Gefallenen jüdischen Soldaten des Ersten Weltkriegs. Aus dem Zeitgeist heraus war dies durchaus verständlich; man fühlte sich als deutscher Bürger und war stolz darauf. Umso tragischer ist die Tatsache, dass viele Kasseler Juden, die in den Konzentrationslagern umkamen, keine Grabstelle haben. Doch findet man auf manchen Familiengräbern zusätzliche Hinweise auf die deportierten Opfer: ein Zeichen dafür, dass es noch Überlebende gab, die dies veranlassen konnten.

Esther Haß, Vorstandsmitglied der Jüdischen Gemeinde Kassel-Nordhessen; Quelle: http:/www.rp-kassel.de/themen/gesund-sozial/juedische-friedhoefe/friedhoefe2.htm

Der Tod in den Religionen: Christentum

Karl Barth
Was kann Offenbarung heißen?

1 Erkenntnis von Offenbarung beginnt nicht immer mit Klarheit. Sie kann an Klarheit zunehmen; sie sollte es. Sie kann aber an Klarheit auch wieder abnehmen. Sie beginnt aber unter allen Umständen mit Gewissheit. Entweder Gott hat gesprochen oder er hat nicht gesprochen. Hat er gesprochen, dann hat er unüberhörbar gesprochen. Dann ist zum Beispiel die Frage nach seinem Dasein und Wesen entschieden und nur a posteriori zu beantworten. Auch der Zweifel, auch die Verzweiflung, auch der Unglaube des Menschen, auch ein Meer von Ungewissheit auf unserer Seite können dann nichts ändern an der Gewissheit seiner Gegenwart. Diese seine Gegenwart ist die Offenbarung. Es gibt unzählige menschliche Fragen angesichts dieser seiner Gegenwart. Aber sie beziehen sich alle auf die in der Offenbarung seiner Gegenwart schon gegebene Antwort. Die Gewissheit hat das erste und das letzte Wort, nicht als unsere, aber als Gottes eigene Gewissheit.

2 Erkenntnis von Offenbarung kann unterbrochen werden. Sie kann sogar aufhören. Sie kann vertauscht werden mit falscher Erkenntnis, nichtiger Offenbarung. Sie hat aber, wo sie stattfindet, den Charakter der Einmaligkeit. Wie der Mensch nur einen Vater haben, wie er nur einem anderen Menschen zugleich hören kann, wie er nur einmal geboren ist und nur einmal sterben wird, so kann er auch nur eine Offenbarung glauben und erkennen. Man kann eine Mehrzahl von Religionen nebeneinander stellen und vergleichen, aber nicht eine Mehrzahl von Offenbarungen. Wer Offenbarung sagt, sagt: eine einzige Offenbarung, ein für alle Mal geschehen, unwiderruflich und unwiederholbar. So gewiss Gott ein einziger Gott ist. Vor seiner Wirklichkeit versinken alle Möglichkeiten, vor seiner Wahrheit verflüchtigen sich alle Wahrscheinlichkeiten. Vor seinem Angesicht gibt es kein Ausweichen nach links oder rechts, keine Wahl, sondern nur immer wieder Entscheidung.

Aus: Karl Barth, Theologen fragen und antworten, Theologischer Verlag Zürich, Zürich [2]1986, S. 158f.

■ Der Schweizer Theologe Karl Barth (1886–1968) ist der Überzeugung, dass der Begriff »Religion« die Offenbarung nicht zu fassen vermag, an die er glaubt. Warum nicht?

Der Evangelische Erwachsenenkatechismus über den Tod im christlichen Glauben

Im Verständnis der christlichen Tradition hat der Tod ein doppeltes Gesicht: Er ist Diener Gottes, der Leben an sein gutes und schöpfungsgemäßes Ende bringt. Und er ist zugleich der letzte Feind Gottes und der Menschen. Im Verstehenshorizont des christlichen Glaubens hat deshalb das sanfte Sterben ebenso seinen Platz wie der schwere, sinnlose und qualvolle Tod. Die Evangelien schildern den Tod Jesu am Kreuz als Widerstand und Ergebung. Christus hat dem Tod die Macht genommen, aber nicht dem Sterben die Bitterkeit. Der Tod Jesu am Kreuz bezieht gerade den bitteren Tod in die Beziehung zu Gott mit ein.

Neues Testament

Das Neue Testament setzt die Grundgedanken des Alten Testaments voraus. Auch hier wird die allgemeine Sterblichkeit des Menschen als die tiefste Infragestellung und Bedrohung des Lebens erfahren: Der Tod ist ein Schicksal, dem alle Menschen unterworfen sind (Mt 22,24; Joh 6,49); doch er wird nicht mehr einfach nur als Naturvorgang angesehen, sondern als Feind des Lebens. Darum bleibt mit dem Tod der Schrecken über ihn verbunden. Diese Sicht des Todes wird im Neuen Testament in zweierlei Hinsicht tief greifend verwandelt: Der Tod wird mit der Sünde des Menschen in Zusammenhang gebracht – und: durch die Auferstehung Jesu Christi ist mit dem Tode selbst etwas geschehen.

Der Tod zerschneidet alle Beziehungen, er stürzt den Menschen in die tiefste Isolation. Das gilt auch für die Beziehung zu Gott: Der Tod spricht das Urteil über unser Leben, das von der Sünde gezeichnet ist. Damit aber verschiebt sich auch die Grenze des Todes. Der Tod mit seinem tödlichen Urteil über die Sünde des Menschen ist nicht einfach identisch mit dem physischen Tod am Ende unseres Lebens. Vielmehr bestimmt und überschattet er das ganze Leben. So kann Jesus schon die Lebenden als die »Toten« bezeichnen, da sie dem Tode und nicht dem Leben dienen. Der physische Tod wird dadurch relativiert. Der eigentliche Schrecken des Todes – im physischen Tod unübersehbar deutlich – liegt darin, dass wir unser Leben verfehlen, wenn wir Gott verfehlen. Gott und Leben gehören zusammen. Wer Gott leugnet, leugnet das Leben und verfällt dem Tode (Lk 9,60; Mt 8,22; vgl. Joh 5,21; Röm 7,10). Im Tode öffnet sich der Abgrund des Vergessenwerdens, weil er die Verbindung zwischen Gott und dem Menschen endgültig abschneidet.

Was allerdings für das Alte Testament noch das Schlimmste am Tode war, nämlich die totale Isolation und das Ende des Verhältnisses zu Gott, ist im Zeugnis des Neuen Testaments durch Christus aufgehoben: In seinem Tod hat Jesus unseren Tod auf sich genommen und ihn durch seine Auferstehung überwunden; in seinem Tod hat er, der Sündlose, die Sünde der Welt getragen und uns vom Tode erlöst. Das Urteil des Todes über unser Leben ist aufgehoben, weil es an Jesus Christus für uns vollstreckt wurde (2. Tim 1,10; Hebr 2,14; 2. Kor 5,21; Röm 8,3; Gal 3,13f.). Damit ist der Tod zunichte gemacht und seine Macht gebrochen. So ist durch Jesu Tod mit dem Tode selbst etwas geschehen: Das Kreuz ist des Todes Tod. Der Auferstandene hat »die Schlüssel des Todes und der Hölle« (Offb 1,18). Er ist der »Erstgeborene von den Toten« (Kol 1,18; Offb 1,5; Röm 8,29). Selbst das Totsein muss nicht mehr heißen: von Gott getrennt sein.

Wo immer der Tod also weiterhin unser Leben verklagt, tritt nunmehr der neben uns, der den Anklagen des Todes ihre Geltung genommen hat (vgl. EG 124,4). Für den Sterbenden hat der Tod seine Schrecken nicht verloren; aber ihm steht die Hoffnung entgegen. Es bleibt eine angefochtene Hoffnung und steht doch fest: Gerade die Verbindung zu Christus, unserem Anwalt, trägt durch den Tod hindurch. »Ich bin die Auferstehung und das Leben. Wer an mich glaubt, der wird leben, auch wenn er stirbt; und wer da lebt und glaubt an mich, der wird nimmermehr sterben. Glaubst du das?« (Joh 11,25f). […]

Auferstehung und ewiges Leben

Obwohl bereits das jetzige Leben durch den Glauben an Christus neue Qualität erhalten hat, betont Paulus, dass Wesentliches noch aussteht: die Auferstehung der Toten. Wir sind zwar mit Christus bereits begraben (Röm 6,4) – aber wir werden erst zusammen mit ihm auferstehen (Röm 6,8). Die Hoffnung auf Auferstehung wird in der gesamten Bibel nicht vom Menschen, sondern von Gott her begründet. Sie hat ihren Grund nicht darin, dass Christus auferstanden ist und dass sein Tod und seine Auferstehung für die ganze Menschheit gelten. Über das Wann und das Wie der Auferstehung hat das Neue Testament nicht spekuliert. Das Leben vor dem Tode, das wir zu verantworten haben, ist ihm wichtiger als alles Spekulieren auf das Leben und Geschehen nach dem Tode.

Martin Burchard, 2003

Gericht und Erlösung

Für das gesamte Neue Testament ist es selbstverständlich, dass die Welt einem letzten (»jüngsten«) Gericht entgegengeht. Schon bei den Propheten des Alten Testaments wurde von diesem »Tag des Herrn« vom Jüngsten Tag gesprochen.

Diesem Gericht Gottes am Ende kann kein Mensch entrinnen. Es ergeht über alle Völker. Das Gericht trifft aber auch jeden Einzelnen: »Wir müssen alle offenbar werden vor dem Richterstuhl Christi, damit jeder seinen Lohn empfange für das, was er getan hat bei Lebzeiten, es sei gut oder böse« (2. Kor 5,10). Am Jüngsten Tage wird Gott endgültig seine Gerechtigkeit schaffen und sein Recht durchsetzen. Er wird seine Verheißungen erfüllen und die Vollendung der Welt herbeiführen.

Aus: Manfred Kießig u.a. (Hg.), Evangelischer Erwachsenenkatechismus, glauben – leben, Gütersloh 2000, 784ff.

Auferstehung in der Bibel

Die Emmausjünger

Und siehe, zwei von ihnen gingen an demselben Tage in ein Dorf, das war von Jerusalem etwa zwei Wegstunden entfernt; dessen Name ist Emmaus. Und sie redeten miteinander von allen diesen Geschichten. Und es geschah, als sie so redeten und sich miteinander besprachen, da nahte sich Jesus selbst und ging mit ihnen. Aber ihre Augen wurden gehalten, dass sie ihn nicht erkannten. Er sprach aber zu ihnen: Was sind das für Dinge, die ihr miteinander verhandelt unterwegs? Da blieben sie traurig stehen. Und der eine, mit Namen Kleopas, antwortete und sprach zu ihm: Bist du der Einzige unter den Fremden in Jerusalem, der nicht weiß, was in diesen Tagen dort geschehen ist? Und er sprach zu ihnen: Was denn? Sie aber sprachen zu ihm: Das mit Jesus von Nazareth, der ein Prophet war, mächtig in Taten und Worten vor Gott und allem Volk; wie ihn unsere Hohenpriester und Oberen zur Todesstrafe überantwortet und gekreuzigt haben. Wir aber hofften, er sei es, der Israel erlösen werde. Und über das alles ist heute der dritte Tag, dass dies geschehen ist. Auch haben uns erschreckt einige Frauen aus unserer Mitte, die sind früh bei dem Grab gewesen, haben seinen Leib nicht gefunden, kommen und sagen, sie haben eine Erscheinung von Engeln gesehen, die sagen, er lebe. Und einige von uns gingen hin zum Grab und fanden's so, wie die Frauen sagten: aber ihn sahen sie nicht.

Lukas 24,13–24

Der Ostermorgen

Am ersten Tag der Woche kommt Maria von Magdala früh, als es noch finster war, zum Grab und sieht, dass der Stein vom Grab weg war. Da läuft sie und kommt zu Simon Petrus und zu dem andern Jünger, den Jesus lieb hatte, und spricht zu ihnen: Sie haben den Herrn weggenommen aus dem Grab, und wir wissen nicht, wo sie ihn hingelegt haben.

Da ging Petrus und der andere Jünger hinaus und sie kamen zum Grab. Es liefen aber die zwei miteinander und der andere Jünger lief voraus, schneller als Petrus, und kam zuerst zum Grab, schaut hinein und sieht die Leinentücher liegen; er ging aber nicht hinein. Da kam Simon Petrus ihm nach und ging in das Grab hinein und sieht die Leinentücher liegen, aber das Schweißtuch, das Jesus um das Haupt gebunden war, nicht bei den Leinentüchern liegen, sondern daneben, zusammengewickelt an einem besonderen Ort. Da ging auch der andere Jünger hinein, der zuerst zum Grab gekommen war, und sah und glaubte. Denn sie verstanden die Schrift noch nicht, dass er von den Toten auferstehen müsste. Da gingen die Jünger wieder heim.

Maria aber stand draußen vor dem Grab und weinte. Als sie nun weinte, schaute sie in das Grab und sieht zwei Engel in weißen Gewändern sitzen, einen zu Häupten und den andern zu den Füßen, wo sie den Leichnam Jesu hingelegt hatten. Und die sprachen zu ihr: Frau, was weinst du? Sie spricht zu ihnen: Sie haben meinen Herrn weggenommen, und ich weiß nicht, wo sie ihn hingelegt haben.

Johannes 20,1-13

Das Zeugnis von der Auferstehung Christi

Der Apostel Paulus ermahnt die Gemeinde in Korinth:

Ich erinnere euch aber, liebe Brüder, an das Evangelium, das ich euch verkündigt habe, das ihr auch angenommen habt, in dem ihr auch fest steht, durch das ihr auch selig werdet, wenn ihr's festhaltet in der Gestalt, in der ich es euch verkündigt habe; es sei denn, dass ihr umsonst gläubig geworden wärt.

Denn als Erstes habe ich euch weitergegeben, was ich auch empfangen habe: Dass Christus gestorben ist für unsere Sünden nach der Schrift; und dass er begraben worden ist; und dass er auferstanden ist am dritten Tage nach der Schrift; und dass er gesehen worden ist von Kephas danach von den Zwölfen.

Danach ist er gesehen worden von mehr als fünfhundert Brüdern auf einmal, von denen die meisten noch heute leben, einige aber sind entschlafen. Danach ist er gesehen worden von Jakobus, danach von allen Aposteln. Zuletzt von allen ist er auch von mir als einer unzeitigen Geburt gesehen worden.

Wenn aber Christus gepredigt wird, dass er von den Toten auferstanden ist, wie sagen dann einige unter euch: Es gibt keine Auferstehung der Toten? Gibt es keine Auferstehung der Toten, so ist auch Christus nicht auferstanden. Ist aber Christus nicht auferstanden, so ist unsre Predigt vergeblich, so ist auch euer Glaube vergeblich. Wir würden dann auch als falsche Zeugen Gottes befunden, weil wir gegen Gott bezeugt hätten, er habe Christus auferweckt, den er nicht auferweckt hätte, wenn doch die Toten nicht auferstehen. Denn wenn die Toten nicht auferstehen, so ist Christus auch nicht auferstanden. Ist Christus aber nicht auferstanden, so ist euer Glaube nichtig, so seid ihr noch in euren Sünden; so sind auch die, die in Christus entschlafen sind, verloren. Hoffen wir allein in diesem Leben auf Christus, so sind wir die elendesten unter allen Menschen.

Nun aber ist Christus auferstanden von den Toten als Erstling unter denen, die entschlafen sind.

1. Korinther 15,1–8 und 12–20

»Ich glaube an die Auferstehung der Toten«

über auferstehung
Sie fragen mich nach der auferstehung
sicher sicher gehört hab ich davon
dass ein mensch dem tod nicht mehr
entgegenrast
dass der tod hinter einem sein kann
weil vor einem die liebe ist
dass die angst hinter einem sein kann
die angst verlassen zu bleiben
weil man selber – gehört hab ich davon –
so ganz wird dass nichts da ist
das fortgehen könnte für immer

Ach fragt nicht nach der auferstehung
ein märchen aus uralten zeiten
das kommt dir schnell aus dem sinn
ich höre denen zu
die mich austrocknen und kleinmachen
ich richte mich ein
auf die langsame gewöhnung ans totsein
in der geheizten wohnung
den großen stein vor der tür

Ach frag du mich nach der auferstehung
ach hör nicht auf mich zu fragen

Dorothee Sölle

Aus: Dorothee Sölle, Fliegen lernen. Gedichte, Fietkau, Berlin 1979, S. 21

Meister des Hausbuches, Die Auferstehung Christi, Ende 15. Jh., Städel Museum, Frankfurt a. M., © Artothek

Gibt es eine ewige Hölle?

Bis ins 20. Jahrhundert wurde die Macht der katholischen und lutherischen Kirchen über die Seelen durch die Angst vor der ewigen Verdammung abgesichert. Das Ergebnis dieser sprichwörtlichen »Höllenangst« waren eingeschüchterte, verängstigte Christen, die Angst hatten und deshalb auch Angst machten. Wie viele Sex- und Schuldkomplexe, Sünden- und Beichtängste haben in Höllenbildern und Höllenpredigten mitgespielt.

Zwangsbekehrungen, Ketzerverbrennungen, Judenpogrome, Kreuzzüge, Hexenwahn, Religionskriege im Namen einer »Religion der Liebe« haben Millionen von Menschenleben gekostet.

Durch den Tod des Leibes im Diesseits könne vielleicht doch noch die Seele fürs Jenseits gerettet werden. So hat die Kirche schon vor dem Erscheinen des Weltenrichters ungezählte Male den letzten Gerichtstag (Tag des Zornes, Tag der Tränen) unbarmherzig selber vollzogen. Man erkennt nun vielleicht, wie wichtig die Aussage der Schrift ist: Nicht irgendwelche Kirchenfürsten und Theologen werden zu Gericht sitzen, sondern Jesus Christus selbst. Nein, es ist nicht das Verdienst der institutionellen Kirche, dass heute niemand mehr verbrannt wird, sondern ein Verdienst der Aufklärung.

Um heute als Christ diese entsetzliche Höllengeschichte zu bewältigen, bedarf es einer Rückbesinnung auf Jesus:

Jesus von Nazareth war kein Höllenprediger: Er verkündet keine Drohbotschaft, sondern eine erfreuliche Botschaft. Glaube hat für Jesus einen durch und durch positiven Sinn. Der Christ glaubt von daher »an« den barmherzigen Gott, wie er sich durch Jesus Christus gezeigt hat und im Heiligen Geist wirksam geworden ist. Aber er glaubt nicht »an« – vertraut nicht auf – die Hölle. Mit Recht fehlt auch die Hölle im Credo.

Helmut Schober, Generatio III, 1992, © Helmut Schober, Milano

Die Ewigkeit der Höllenstrafe – für viele im Widerspruch zum Gedanken der Humanität und eines barmherzigen Gottes – braucht nicht im strengen Sinn genommen zu werden (»ewig« kann auch »endlos«, »unbestimmt lang« heißen). Die Frage der Hölle verweist den Menschen auf seine eigene Wirklichkeit.

So kann man mit dem evangelischen Theologen Jürgen Moltmann sagen: »Ist Christus wirklich aus Tod und Hölle auferstanden, so führt das zum Aufstand des Gewissens gegen die Höllen auf Erden und gegen alle, die sie anheizen. Denn die Auferstehung dieses Verdammten wird im Aufstand gegen die Verdammung des Menschen durch den Menschen bezeugt und auch schon verwirklicht. Je realer die Hoffnung an die zerbrochene Hölle glaubt, um so militanter und politischer wird sie im Zerbrechen der Höllen werden, der weißen, schwarzen und grünen Höllen, der lauten und leisen.«

Aus: Hans Küng, Credo. Zusammengefasst von Jean-Louis Gindt, in: Publik Forum Dossier 1998

Das Fegefeuer und die unabgegoltene Schuld

»Sie mögen ruhen in Frieden«

Für einen Ort oder eine Zeit der Reinigung nach dem Tode fehlt eine biblische Begründung. Es bleibt aber die Frage: Soll dann das Hineinsterben in Gott für alle ein und dasselbe sein? Dasselbe für Verbrecher und ihre Opfer, dasselbe für jene, die ein Leben lang Nächstenliebe praktizieren, und solche, die nur nach ihrem Egoismus leben? Nein, ein Unreiner kann auf keinen Fall ohne Reinigung in Gott selber seine Heimat finden.

Angesichts aller unabgegoltener Schuld richten viele Theologen ihre Antwort heute nicht auf einen Ort oder eine Zeit nach dem Tod, sondern auf das Sterben selbst: Das Hineinsterben in Gott ist ja nicht zu verstehen als eine Trennung von Leib und Seele, sondern als ein Vollzug des ganzen Menschen, wodurch er gnädig gerichtet, gereinigt, geheilt und so erleuchtet und vollendet wird – durch Gott selber. Nur in der Begegnung mit dem heiligen Gott wird der Mensch voll und ganz Mensch, eben »heil«.

Diesbezüglich bedeutet das Gebet für die Toten nicht ein kleingläubiges lebenslanges Beten (und kostspieliges Lesen von »Seelenmessen«) für »arme Seelen« im »Fegefeuer«, auch nicht ein Beten »mit« und »zu« den Toten. Wohl aber ist es angebracht, zunächst einmal für die und mit den Sterbenden zu beten, dann aber der Verstorbenen ehrfürchtig und liebevoll zu gedenken und sie der Gnade Gottes anheim zu stellen – in der lebendigen Hoffnung: »Sie mögen ruhen in Frieden.«

Aus: Hans Küng, Credo. Zusammengefasst von Jean-Louis Gindt, in: Publik Forum Dossier 1998.

Jean Colombe, Fegefeuer, 15. Jh., Musée Conde, Chantilly, © akg-images

Das Fegefeuer

Die Seelenmesse, die für den Montag vorgesehen ist, wird durch eine Miniatur illustriert, die das Fegefeuer darstellt. Der Glaube des Mittelalters an den Ort einer zeitweisen Entsühnung für diejenigen Toten, die vor Gottes Urteil nicht bestanden haben, hat eines der größten poetischen Werke, die Divina Comedia, angeregt. Vor dem 16. Jahrhundert haben aber nur sehr wenige Künstler gewagt, dieses Thema bildlich darzustellen. Eines der seltenen Beispiele ist diese Miniatur. Jean Colombe hat die Toten dargestellt, wie sie von einem Feuerstrom in die Flammen des Purgatoriums fortgerissen werden. Doch sind es nicht Verdammte, sondern reuige Sünder: Mit gefalteten Händen flehen sie um die göttliche Barmherzigkeit. Zuweilen kommt ein Engel, ruft einen von ihnen und trägt ihn in den Himmel fort: Seine Buße ist beendet. Der Künstler wollte darauf hinweisen, dass die Fürbitten der Lebenden helfen können, die Toten vorzeitig aus dem Fegefeuer zu entlassen. Links neben dem Strom aus Feuer fließt ein anderer, offensichtlich eisiger Fluss: Auch er trägt Tote fort, die ihren Blick zum Himmel richten, mehrere Geistliche und gar ein Bischof sind darunter.

Dahinter erhebt sich ein steiler Felsen, auf dessen Steinen Gestalten liegen, einige davon versuchen, seine Spitze zu erklimmen. Offenbar war Jean Colombe hier direkt oder indirekt von Dantes Werk beeinflusst: Dante beschreibt das Purgatorium als einen Berg aus schroffen Felsen, wo die Seelen der Verstorbenen die letzten Spuren ihrer Verfehlungen tilgen können, indem sie Abscheu vor ihrer Sünde und Eifer für das höchste Gut zeigen. Die Gereinigten werden in den Armen der Engel über den Berg hinweg in die himmlische Heimstatt getragen.

Nicht im Vergleich, sondern ganz für sich betrachtet, muss man das Purgatorium dennoch bewundern: Der glühende Strom, der die reuigen Seelen mit sich fortreißt, und der Flug der goldenen Engel, die sie zum Himmel tragen – das ist ein nicht alltäglicher, eigenwilliger Einfall.

Aus: Stundenbuch des Ludwig von Orleans, Insel Verlag, Frankfurt a. M. 1980

Schritte ethischer Urteilsfindung

Der Theologe Heinz Eduard Tödt hat sechs Gesichtspunkte genannt, die bei ethischen Entscheidungen bedacht werden sollten:

Schritt 1: Problemfeststellung

Bevor man sich auf die Suche nach Lösungen macht, sollte man zuerst mit »kühlem Kopf« die Frage stellen: Worum geht es eigentlich bei diesem »Fall«: Was ist das Problem? Wer ist daran beteiligt? Welche Bedürfnisse spielen mit herein?

Schritt 2: Situationsanalyse

Wenn das Problem erfasst ist, stellt sich die Frage, in welchem persönlichen, gruppenartigen, gesellschaftlichen oder politischen Zusammenhang diese besondere Situation eingebettet und bedingt ist: Von welchen gesellschaftlichen – oder auch psychischen – Faktoren ist diese konkrete Situation geprägt? Wo gibt es Handlungsspielräume? Wo liegen so genannte »Sachzwänge« vor?

Eine genaue Situationsanalyse ist für die ethische Entscheidung schon deshalb wichtig, weil man sich sonst leicht hinter scheinbar unabänderlichen Gegebenheiten verschanzt.

Schritt 3: Verhaltensalternativen

Nach der Problemfeststellung und der Problemanalyse stellt sich die Frage: Was ist zu tun? Welche verschiedenen Möglichkeiten (Handlungsalternativen) einer Lösung gibt es und welche Folgen ergeben sich jeweils daraus? Welche Möglichkeiten kann ich vor meinem Gewissen verantworten?

Schritt 4: Normenprüfung

Bei vielen Entscheidungen unseres alltäglichen Lebens greifen wir auf Normen zurück, die in unserer Umgebung als gut und richtig gelten, die sich im Zusammenleben bewährt haben und ohne die ein Zusammenleben nicht denkbar wäre. Aber es gibt auch gesellschaftliche Normen – die immer von Grundüberzeugungen (Werten) bestimmt sind –, die nicht in jedem Fall richtig und für mich bindend sein müssen. So hat Jesus vom Liebesgebot aus deutlich Normenkritik geübt.

Keith Haring, Chocolate Buddha No. 5, © The Estate of Keith Haring, New York

Schritt 5: Die Entscheidung

In der Entscheidung werden gewissermaßen alle bisher genannten Schritte zusammengefasst: das Problem ist erfasst und analysiert; ich stehe vor der Wahl, so oder so zu entscheiden, wobei ich mich für oder gegen bestimmte Normen stellen kann, in Übereinstimmung mit meinem Gewissen oder gegen es.

Schritt 6: Der Rückblick – die Überprüfung

Selbst beim besten Willen können wir ein Problem nicht immer richtig erfassen, nicht alle Faktoren berücksichtigen; nicht immer lassen wir uns leiten von Normen, die wir eigentlich bejahen … Eine rückblickende Überprüfung soll noch einmal die fünf Schritte im Blick auf meine Entscheidung und ihre Folgen bedenken.

Aus: Dieter Volpert, Auf der Suche nach einer menschenfreundlichen Moral, Calwer Verlag, Stuttgart [7]1994, S. 30

■ Ethische Urteile fällt man als »ganzer Mensch«. Herz, Bauch und Kopf sind dabei. Deshalb bilden sich persönliche Haltungen nicht nach vorgefertigten Schritten, sondern setzen sich zusammen aus einer Vielzahl von Informationen, Erfahrungen, Gedanken und Gesprächen. Sie werden jedoch anhand der »Schritte ethischer Urteilsfindung« überprüfen können, ob Sie bei der Bildung Ihres eigenen Urteils zu einem ethischen Problem (z.B. S. 58) alle »notwendigen« Punkte bedacht haben oder ob Ihre Haltung durch Weiterarbeit an einem der vorgeschlagenen Schritte noch »diskussionsstärker« werden kann!

Selbstbestimmtes Sterben

Gesetzliche Grundlagen zum Patientenschutz

Die Würde des Menschen ist unantastbar. Sie zu achten und zu schützen ist Verpflichtung aller staatlichen Gewalt.

Artikel 1, Absatz 1 des Grundgesetzes

Jeder hat das Recht auf die freie Entfaltung seiner Persönlichkeit.

Artikel 2, Absatz 1 des Grundgesetzes

Jeder hat das Recht auf Leben und körperliche Unversehrtheit.

Artikel 2, Absatz 2 des Grundgesetzes

Damit gewährleistet Artikel 2 des Grundgesetzes die Befugnis zur selbstbestimmten Lebens- und Sterbegestaltung, also die Sicherung der Patientenautonomie.

Die Vorsorgevollmacht beziehungsweise die Betreuungsverfügung haben ihre gesetzliche Grundlage im Betreuungsrecht. Wer eine Betreuungsverfügung vorfindet, muss diese unverzüglich dem Vormundschaftsgericht übergeben (§ 1901 a BGB).

Bedeutung der Patientenverfügung für Verfasser und Angehörige

Die Patientenverfügung ist zunächst ein Instrument der Selbstbestimmung. Genauso ist sie aber auch eine Hilfe zum Gespräch. Es fällt wohl niemandem leicht, über das Ende des eigenen Lebens nachzudenken und mit anderen darüber zu reden. So kommt es, dass Familienmitglieder oder Freunde eines sterbenden Menschen sich ratlos fragen: »Was hätte er/sie sich in dieser Situation gewünscht?« Wenn dann eine schriftliche Äußerung darüber vorliegt, welche Art der Behandlung und Pflege ein jetzt kommunikationsunfähiger Mensch bekommen sollte und welche medizinischen Maßnahmen auf keinen Fall eingeleitet werden sollen, dann fällt es Angehörigen leichter, für ihn/sie zu sprechen. Das gilt noch mehr, wenn man an gemeinsam geführte Gespräche zurückdenken kann. Aber nicht nur für Familie oder Freunde, auch für den Verfasser selbst ist es hilfreich zu wissen: »Ich entscheide mit, wenn andere Menschen Entscheidungen über mein Leben und Sterben treffen müssen.«

Es ist sinnvoll, rechtzeitig einen Menschen seines Vertrauens mit einer Vorsorgevollmacht auszustatten, damit dieser im entscheidenden Moment für den Patienten sprechen und die Gültigkeit seiner Verfügung bestätigen kann. Bei Entscheidungen über die Beendigung lebenserhaltender Maßnahmen muss dieser Bevollmächtigte – genauso wie ein vom Gericht eingesetzter Berater – die Zustimmung des Vormundschaftsgerichts einholen.

- Vergleichen Sie in der Kleingruppe verschiedene Formulare / Hilfen zur Abfassung einer Patientenverfügung und arbeiten Sie Unterschiede heraus. Welche Schlussfolgerungen lassen sich daraus im Hinblick auf die hinter den jeweiligen Formulierungen liegenden Ansätze schließen? Erarbeiten Sie gemeinsam ein Plakat, mit dem Sie interessierte Laien über die aktuelle Sachlage der Patientenverfügung aufklären.
- Würden Sie sich für eine Patientenverfügung entscheiden? Begründen Sie Ihre persönliche Entscheidung.

Zur Psychologie des Suizids im Kindes- und Jugendalter

Pupertät als Lebenskrise

Selbstmordhandlungen bei *Kindern* sind häufig ein Symptom einer endogenen Depression, die hier zumeist in larvierter Form zu beobachten ist, d. h. die Handhabung des emotionellen Ausdrucksvermögens ist noch unreif, die Voraussetzungen zur Intellektualisierung von Affekten und Emotionen sind noch nicht gegeben.

Die Depression äußert sich in Verhaltensstörungen und psychosomatischen Beschwerden, jedoch zeigen sich auch hier Angst, Aggressionen, Gehemmtheit, Kontaktschwäche und Isolierungstendenzen. Eine in diesem Alter begangene Selbstmordhandlung ist meist Ausdruck eines kurzschlüssigen Reagierens aus einmaliger Affekterregung heraus.

Die Pubertät ist ein Vorgang, in dem sich zwei Stadien voneinander unterscheiden lassen: Das erste Stadium zunehmender Desintegration mit Umlagerung der Phantasie-Tätigkeit, stärkerer Erregungsfähigkeit und Vorliegen bestimmter Trieb- und Gefühlserlebnisse ist mit etwa dem 14. bis 15. Lebensjahr, mit Erreichen der körperlichen Reife, beendet.

Das zweite Stadium, das der Reharmonisierung auf einer neuen Ebene, führt zu einer langsam zunehmenden Angleichung der Gestalt, der Bewegungsformen, sowie des gesamten Funktionsgefüges an den Zustand des Erwachsenen. Zielbewusstes Planen und Handeln, Zunahme sozialer Interessen, dauernde Freundschaften sowie eine mehr selbstverantwortliche Lebensführung werden entwickelt. Im Durchschnitt kann das Ende dieses Stadiums zwischen dem 17. und 19. Lebensjahr angenommen werden, jedoch verlängert es sich durch Verzögerung der Identifikations- und Rollenfindung bei der längeren Berufsausbildung bis in die Mitte der zwanziger Jahre hinein.

Die Lebensperiode der Pubertät ist wegen der erhöhten Belastung, die mit ihr verbunden ist, auch mit einer erhöhten Rate an Selbstmordhandlungen verknüpft. Lebensüberdruss, Weltschmerz, Isolierung von der Umwelt, verstärktes aggressives Reagieren auf kleine Anlässe sind typische Pubertätssymptome und hängen mit der Desintegration und Reharmonisierung auf einer neuen Ebene zusammen.

Sie erfahren meist erst in der Lebensmitte eine weitgehende Entaktualisierung, so dass eine soziale Einpassung und Lebensbewältigung hinreichend möglich wird.

Karl-Heinz Hirmer, Ohne Titel, 2001

An Dich

Vielen erscheine ich vielleicht als sehr lustig, selbstsicher und lebensfroh. Einige kennen mich besser, doch niemand kennt die Traurigkeiten, Ängste und Sehnsüchte in mir.

Manche gibt es vielleicht, die bewundern irgendetwas an mir, aber das Einzige, was es an mir zu bewundern gibt, ist die Tatsache, dass ich mich immer noch nicht umgebracht habe und sogar das resultiert nur aus Feigheit.

Ich fühle mich wie ein lauter, bunter, leerer Papierwürfel in der Auslage einer Paper-Box, den alle Menschen groß ansehen und manche vielleicht sogar beneiden.

Doch mein Inneres ist so hohl und mein Weinen vergeht ungehört in der Ferne.

Denn mitten in meinem Leben ist ein Loch; es ist tief und seit langer Zeit versuche ich es zu füllen mit allem, mit Tanzen und Musik, mit Trips, mit Lachen und Weinen.

Manchmal baue ich Brücken damit, die aber bald wieder einbrechen, denn es sind nur Illusionen. Und wenn ich ruhig auf ihnen stehe, überkommt mich die Angst, und ich spüre tief unter mir den Sog des Nichts und immer wieder reißt er Stücke aus meiner Seele.

Und ich kann das Loch nicht füllen. Jedes Wort, das Du zu mir sagst, ist mir eine Hilfe, und durch einen Kuss könntest Du mich erlösen – nicht für immer, aber für lange. *Anonym*

- Welchen Spannungen fühlt sich diese/dieser Jugendliche ausgesetzt?
- Welche Aussagen können Sie nachvollziehen? Welche sind Ihnen eher fremd?
- Was/wer könnte helfen?

Es bleibt nichts vergessen

1. Nichts ist gleichgültig. Ich bin nicht gleichgültig.

2. Alles, was wir tun, hat unendliche Perspektiven; Folgen bis in die Ewigkeit. Es hört nichts auf.

3. Es bleibt nichts vergessen. Es kommt alles noch einmal zur Sprache.

4. Wir kommen aus Licht und gehen in Licht.

5. Wir sind geliebter, als wir wissen.

6. Wir werden an unvernünftig hohen Maßstäben gemessen.

7. Wir sind auf einen Lauf nach vorne mitgenommen, der uns den Atem verschlägt.

Sünde = nicht mitkommen. Bitte um Vergebung = deswegen nicht abgehängt werden.

8. Es geht nichts verloren.

9. Die Philosophen sprechen von der Suche nach Gott. Aber das ist, wie wenn man von einer Suche der Maus nach der Katze spräche. Wir sind auf der Flucht – und es wird uns auf die Dauer nicht gelingen. Es wird uns zu unserem Glück nicht gelingen.

10. Wir sind nicht allein.

11. Wir sind nie allein.

12. Dieses Leben ist ungeheuer wichtig.

13. Die Welt ist herrlich – die Welt ist schrecklich.

14. Es kann mir nichts geschehen – Ich bin in größter Gefahr.

15. Es lohnt sich zu leben.

Helmut Gollwitzer: Womit bekommt man zu tun, wenn man mit dem Evangelium zu tun bekommt? Aus: Ders., Krummes Holz – aufrechter Gang. Zur Frage nach dem Sinn des Lebens, München [7]1976, S. 382

- Welchen Aussagen können Sie etwas abgewinnen?
- Wo entdecken Sie Anklänge an den christlichen Glauben?
- Was haben Bild und Text gemeinsam?

Martin Burchard, 2003

Ich muss sterben

Müsste man in der Schule nicht auch was über den Tod lernen? Ein paar Übungen über den Todesgedanken schreiben lassen? So wie man sich auf dem Schwebebalken übt oder wie man Geometrie oder Optik lernt? Alles ist abscheulich – so primitiv. Ich meine die Gefühle, die man hat. Man benimmt sich wie ein Kleinkind. Man sollte so etwas mit Stil ertragen. Tapfer, weise. Was das für schöne Worte sind, Weisheit – Tapferkeit, sie klingen wie Silber …

Ich begriff, dass ich, Annika, die am Mitsommertag 19 Jahre alt wird, sterben muss! Mein Körper ist so jung und warm, so ungenützt und soll nun zum Erliegen kommen, während die Zerstörung weiter fortschreitet. Niemals werde ich meine Meinung herausschreien. Niemals werde ich richtig erwachsen sein. Niemals werde ich etwas Tüchtiges, etwas Bedeutendes leisten, etwas wirklich Wichtiges tun. Niemals schwanger werden, niemals ein Kind tragen, das in mir wächst. Niemals werde ich alt werden mit einem Menschen, den ich liebe …

Ach, ich kann nicht begreifen, wie die Menschen sich mit dem Gedanken an ein ewiges Leben trösten können! Was soll mir ein Leben danach nützen? Und zum Teufel, ich möchte wissen, wie es weitergeht!

Ich versuche, du kannst es mir glauben, daran zu denken, dass viele Menschen täglich vor Hunger sterben, zu denken an alle Menschen, die überall sterben, Tag für Tag, junge Leute wie ich, die ihre Nase gerade erst ins Leben gesteckt haben. Aber es hilft mir nicht. Das ist alles Mögliche, aber es ist der Tod der anderen, nicht mein eigener.

Zehn, zwanzig kleine Tabletten, und ich bin die Sorge los. Der Gedanke ist freundlich und schön und verlockend wie ein kühles, sauberes Bett, wenn man sehr müde ist. Und gleichzeitig ist er voller Feigheit, voller Trotz und Hochmut. Aber da fällt mir etwas ein, was Großmama einmal sagte, als sie von ihrem jüngsten Bruder erzählte, der sich das Leben nahm: »Mit einem Selbstmord ist immer eine Schuld verbunden, die sich die Hinterbliebenen niemals verzeihen können. Ein Bleiklumpen aus Verzweiflung und schlechtem Gewissen, der sich nicht wie ein anderer Kummer auflösen lässt.«

In diesen letzten Tagen hatte ich mich doch zu einer gewissen Ruhe durchgekämpft, mich aus der finsteren Grube herausgearbeitet, die voller Verzweiflung war, und hatte wieder angefangen, fast normal zu reagieren. Nun sollte noch einmal alles von vorne anfangen, nur eben noch viel schlimmer. Denn nun musste ich nicht nur mit meiner eigenen Verzweiflung fertig werden, sondern auch noch mit der der anderen.

Ich glaube, es war noch schlimmer als ich gedacht hatte, Menschen zu begegnen, die Bescheid wussten. Zwischen kranken und gesunden Menschen liegt ein Abgrund. Man steht sich auf beiden Seiten gegenüber und ruft sich in verschiedenen Sprachen etwas zu.

Es ist schön, dass es Worte gibt. Ich möchte sooft im Sommer daran denken. Wie viele Menschen verfügen nicht über Worte, können ihre Gefühle nicht ausdrücken, stehen einfach hinter einer verschlossenen Tür, brennen vor Gefühl und bekommen keine Linderung, weil sie keinen Ausdruck dafür finden. Den Menschen Worte vermitteln muss eigentlich ebenso wichtig sein wie das Zusammenflicken ihrer Körper.«

Aus: G. Beckmann, Ich, Annika. Erlebnisse und Begegnungen einer jungen Schwedin, Würzburg 1972.

- Welche unterschiedlichen Gefühle und Haltungen zu ihrem eigenen Sterben beschreibt Annika in diesem Text?
- Klingen darin Gefühle an, die auch von Verena Kast in ihrer Beschreibung des Trauerprozesses genannt werden?

Selbstmord im Altenheim – Erfahrungen einer Altenpflegerin

Als Altenpflegerin hatte ich schon öfters mit dem Suizid alter Menschen zu tun. Ein Suizid, der tödlich endete, ist mir besonders in Erinnerung geblieben und nahe gegangen. Eine Bewohnerin – sie lebte bei uns im Haus (Wohnbereich) – war in letzter Zeit häufiger im Krankenhaus, und ihr allgemeiner Zustand verschlechterte sich immer mehr. Sie konnte sich nur noch mit Hilfe ihres Gehwagens fortbewegen. In der Zeit, als ihr Gesundheitszustand schlecht war, gingen wir öfters zu ihr rein. Dann gab es wieder Zeiten, in denen es der Bewohnerin besser ging und ein öfteres Nachschauen nicht mehr erforderlich war. Eines Tages kam die Bewohnerin auf mich zu und bat um ein Gespräch. Da ich wie immer ziemlich in Zeitnot war, sagte ich zu ihr, dass ich nachher auf einen Sprung zu ihr komme. Um 11 Uhr besuchte ich die Bewohnerin. Sie erzählte mir, dass sie verreisen wird zu Verwandten, nur ein paar Tage. Sie fragte mich, ob ich denn was gegen sie hätte, weil meine Besuche spärlicher geworden seien in der letzten Zeit. Ich erklärte ihr, dass dies nicht der Fall sei. Sie zeigte mir Bilder, auf denen sie als junges Mädchen zu sehen war. Frau T. war Tänzerin und bedauerte es sehr, dass es mit dem Laufen immer schlechter wurde. Ich verabschiedete mich von ihr und wünschte ihr schöne Tage bei den Verwandten. Bei unserer Übergabe erwähnte ich das Verhalten von Frau T., aber viel Zeit, sich weiter darüber Gedanken zu machen, war nicht.

Einen Tag später. Ich hatte Frühdienst und musste für einen Bewohner einen Notarzt holen. Auf dem Weg zum Krankenwagen – es war 6.00 Uhr morgens und noch dunkle Nacht – lief mir Frau T. draußen über den Weg. Ich dachte noch, was macht sie so früh draußen? …

Doch der Alltag holte mich sofort aus meinen Gedanken zurück. Samstagmittag um 11.30 Uhr ein Anruf. Eine Bekannte von Frau T. rief an. Sie erzählte uns am Telefon, dass Frau T. ihr eine Karte geschickt hatte, in der sie andeutet, dass sie sich umbringen wird. Eine Kollegin und ich sind dann in die Wohnung von Frau T. gegangen. Wir fanden Frau T. tot in der Badewanne. Sie hatte sich mit Schlafmitteln das Leben genommen. Es war kurz vor Weihnachten …

Frau T. hatte jedes Jahr bei dem Krippenspiel mitgewirkt, und dieses Jahr wäre es ihr nicht mehr möglich gewesen wegen dem schlechten Gesundheitszustand. Ob dieser Suizid zu verhindern gewesen wäre? Ich weiß es nicht. *Anneliese Wolfsteiner*

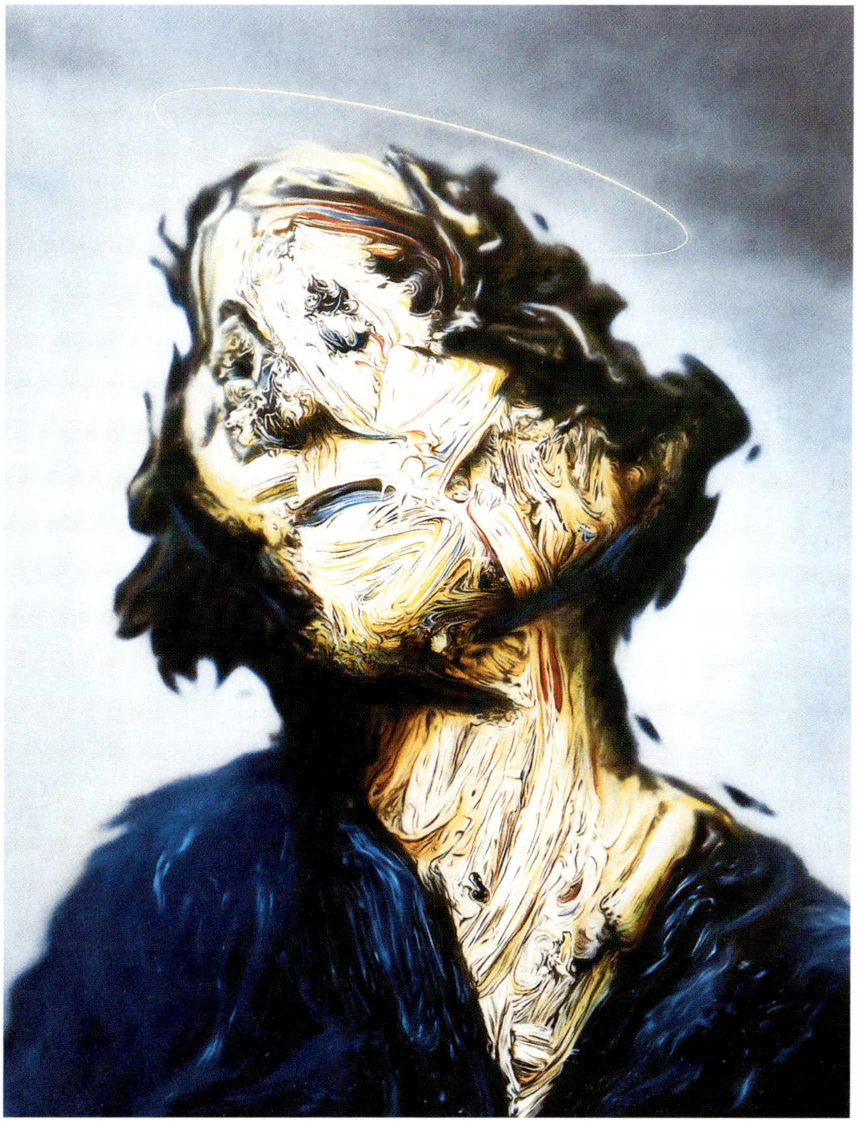

Glenn Brown, 2001, Collection Rudolph & Ute Scharpff, Stuttgart

Transplantationsgesetz und Organspende

Die Übertragung von Organen von einem Menschen auf einen anderen war noch vor wenigen Jahrzehnten völlig undenkbar. Sie ist erst durch die moderne Entwicklung der Intensivmedizin möglich geworden. Diese ermöglicht es, bei einem toten Menschen die Funktion bestimmter Organe für eine Zeit lang weiter aufrechtzuerhalten, um sie dann zu entnehmen.

Transplantationsmedizin dringt so in den Grenzbereich von Leben und Tod vor. Deshalb wirft sie viele grundsätzliche Fragen auf: Wann ist der Mensch tot? Ist es ethisch, einem Menschen Organe zu entnehmen? Ist es Recht, das Organ eines anderen Menschen anzunehmen?

Früh an einem Samstagmorgen im Herbst verließ Günter Graeff das Haus. Am Nachmittag wollte der Vater zweier Kinder heiraten. Als er die vierspurige Bundesstraße 1 in Dortmund überqueren wollte, erfasste ihn ein LKW. Obwohl Graeff schnell in ein Krankenhaus eingeliefert wurde, gab es keine Rettung mehr.

Seine Mutter Ilsegret Graeff-Bracht erinnert sich: »Ich hatte die Mitteilung bekommen, mein Sohn hätte einen Unfall gehabt. Ich bin sofort ins Krankenhaus gefahren. Sein Körper war vollkommen in Ordnung, nur am Kopf war er sehr stark verletzt.

Es war eigentlich klar, dass es keine Rettung mehr geben konnte. Ich glaube, dass er sofort nach dem Unfall tot war. Aber die Ärzte haben noch einige Tage gebraucht, bis sie endgültig bestätigt hatten, dass der Hirntod eingetreten ist.«

Als der Hirntod offiziell festgestellt war, gab die Familie den Ärzten die Erlaubnis, den Körper von Günter Graeff zur Organspende zu verwenden. Frau Graeff-Bracht begründet das so: »Mir ist es zuerst schwer gefallen, die Zustimmung dazu zu geben, dass die Organe entnommen werden. Aber es ist doch gut, dass der Körper nicht auf dem Friedhof liegt und verfault. Denn es könnten ja Menschenleben mit den Organen gerettet werden. So hat das alles noch ein bisschen Sinn für mich. Eigentlich ist ein Unfalltod bei einem jungen Menschen ja ganz und gar sinnlos.«

Aus: ARD-Ratgeber Recht

Streit um den letzten Atemzug

Wann ist der Mensch tot? Die sinkende Bereitschaft zur Organspende und das geplante Transplantationsgesetz haben die Gesetzgeber unversehens mit dieser heiklen Frage konfrontiert. Bislang war die Definition des Exitus mit all ihren Grauzonen ausschließlich den Ärzten überlassen.

Mit dem neuen Gesetz, das mehr Vertrauen bei der Organspende schaffen soll, wird das anders. Erstmals soll der Begriff »Hirntod« in Paragraphen gegossen werden. Die Parlamentarier sind überfordert. »Welche Gründe sprechen für den Hirntod als Todesdefinition?« will der Gesundheitsausschuss in dieser Woche von Experten wissen. Die Unsicherheit hat ihre Gründe, denn der Mensch stirbt ohne umfassende Gewalteinwirkung nicht schlagartig, sondern in mehreren Phasen. Stets ist es das Ende eines einzelnen Organs, dessen Versagen nach und nach die anderen zur Aufgabe zwingt. Nur: Heute lässt sich fast jedes Körperteil zumindest zeitweise durch Apparate ersetzen. Bis zum endgültigen Stillstand des Blutkreislaufes gilt der Mensch als lebend. Mit einer Ausnahme: Bei »irreversiblem Ausfall der gesamten Hirnfunktion« gilt der Mensch als tot, selbst wenn Beatmungsmaschinen den restlichen Organismus am Leben erhalten. So hat es 1982 die Bundesärztekammer festgelegt. Diese Definition ermöglicht die Entnahme von bis zuletzt durchbluteten Organen bei Toten. Gesundheitsminister Horst Seehofer ist sich denn auch sicher: »Der Hirntod ist der Tod des Menschen.« Tatsächlich bezweifelt niemand, dass der Tod des Gehirns ein unumkehrbarer Vorgang ist, der ohne Beatmungsmaschine zum Kreislaufstillstand führt. Noch nie ist ein Hirntoter wieder aufgewacht. Die Diagnose des Hirntodes ist eindeutig, mit der Prüfung von Reflexen und technischen Verfahren (Messung der Hirnströme und Blutversorgung) lässt sie sich mit höchster Sicherheit treffen. Doch Juristen sind pingeliger als Mediziner. Aus dem Tod des Gehirns folgte nicht zwingend die Gleichsetzung mit dem Tod generell, meint Wolfram Höfling, Mitglied der Expertengruppe »Wissenschaftler für ein verfassungsgemäßes Transplantationsgesetz«. Der Giessener Professor für Staatsrecht: Niemand kann wissen, ob in dem beatmeten Organismus der Sterbeprozess wirklich abgeschlossen ist. Nach Verfassungsgrundsätzen muss daher im Zweifel für das Leben entschieden werden.« Transplantationsmediziner jedoch betonen, die Entnahme von Organen aus Hirntoten, die rechtlich als noch nicht gestorben gelten, käme, selbst bei vorausgehender Einwilligung des Spenders, verbotener aktiver Euthanasie, künstlicher Lebensverkürzung, gleich. Das Ende der Organverpflanzung in Deutschland? Die Juristen bauen eine Brücke: Mit Euthanasie habe die Organentnahme bei einem »lebenden Hirntoten« nichts zu tun. Im Gegenteil: Ein erklärter Spender mit abgestorbenem Gehirn würde ohne Beatmung sofort einen Kreislaufstillstand erleiden, also endgültig sterben. Indem die Ärzte ihn künstlich beatmen, verkürzten sie nicht sein Leben, sondern verlängerten es. Organspende bleibe weiter möglich ...«

Aus: Stern vom 19. Juni 1995

Kontroversen um das Transplantationsgesetz

Für ein bundeseinheitliches Transplantationsgesetz wurden vier Vorschläge diskutiert. Sie alle respektieren den zu Lebzeiten geäußerten Widerspruch gegen eine Organentnahme nach dem Tode.

Enge Zustimmungslösung
Die Organentnahme ist verboten, wenn der potentielle Spender zu Lebzeiten nicht ausdrücklich zugestimmt hat. Eine fehlende Einwilligung kann später von niemandem stellvertretend nachgereicht werden.

Bianca Lehmkuhl, Der gemeinsame Weg

Informationslösung
Die Organentnahme ist nur zulässig, wenn der potentielle Spender zu Lebzeiten zugestimmt hat. Liegt weder Zustimmung noch Widerspruch vor, werden die Angehörigen gebeten, innerhalb einer angemessenen Frist darüber zu entscheiden. Ist die Frist ohne Entscheidung der Angehörigen abgelaufen, werden Organe entnommen.

Erweiterte Zustimmungslösung
Die Organentnahme ist grundsätzlich unzulässig, wenn der potentielle Spender zu Lebzeiten nicht einwilligte. Die Einwilligung kann aber nach seinem Tod ersatzweise von den Angehörigen gegeben werden. Auf dieser Basis erfolgt heute die Organspende in der Bundesrepublik, in Großbritannien, Holland, Schweden und Dänemark.

Widerspruchslösung
Die Organentnahme ist grundsätzlich zulässig, wenn der potentielle Spender zu Lebzeiten nicht ausdrücklich schriftlich widersprochen hat. Angehörige brauchen nicht zu Rate gezogen werden. Sie gilt in Frankreich, Belgien und Österreich. Und sie galt einst auch in der DDR.

■ Interpretieren Sie das Bild »Der gemeinsame Weg«, mit dem sich die Künstlerin Bianca Lehmkuhl zum Thema »Organspende« äußert.

Was versteht man unter Sterbehilfe?

Der Begriff »Sterbehilfe« ist eine in Deutschland bewusst gewählte Wortschöpfung. Mit der international gebräuchlichen Bezeichnung »Euthanasie« (griech. *guter Tod, gutes Sterben*) verbinden sich hierzulande düstere Erinnerungen an ein Stück kaum zu bewältigender NS-Vergangenheit, als mit diesem Begriff der systematische Mord an kranken und behinderten Menschen zu beschönigen versucht wurde. Die Wortwahl »Sterbehilfe« soll von vornherein deutlich machen, dass es nicht um das Schicksal so genannter *lebensunwerter* Menschen geht, sondern um dasjenige *lebensmüder.* Damit ist indes die Nähe zu einem anderen, eher negativ besetzten Tabu-Bereich angedeutet, nämlich dem des Suizids. Spektakuläre Einzelfälle haben in der Tat bewirkt, dass die Sterbehilfediskussion untrennbar mit der Suizidproblematik verbunden ist. Diese faktischen Zusammenhänge stoßen auf eine verbreitet als unbefriedigend empfundene Rechtsprechung des Bundesgerichtshofs (BGH) in Strafsachen zur Abgrenzung zwischen strafbarer und straffreier Suizidbeteiligung bzw. zu den Grenzen der Suizidverhinderungspflicht und der Pflicht zur rettenden Hilfeleistung in Suizidfällen.

In der öffentlichen Meinung werden indes in jüngster Zeit Stimmen der Sorge vor Missbräuchen im Einzelfall, vor allem aber der Befürchtung unerwünschter gesellschaftspolitischer Wandlungen bei der Bewertung behinderten Lebens laut. Auch werden immer wieder Beziehungen zwischen einer als allzu permissiv* angesehenen Regelung und Praxis des Schwangerschaftsabbruchs und gefährlichen Tendenzen beim Schutz verlöschenden Lebens hergestellt. Schließlich erregten in den letzten Jahren wiederholt Fälle die Aufmerksamkeit der Medien, in denen Krankenschwestern oder -pfleger alte Patienten, die ihrer Betreuung anvertraut waren, getötet hatten, und deren Delikte längere Zeit unentdeckt geblieben waren. Derart spektakuläre Ereignisse rücken einerseits bestimmte strukturelle Probleme des Gesundheitswesens ins Bewusstsein, andererseits dürfte damit die Aufmerksamkeit für allgemeinere Phänomene im Sinne eines »Soziogramms modernen Sterbens« eher gemindert werden.

Je nach tatsächlicher Konstellation, aber auch im Hinblick auf rechtliche Differenzierungen haben sich folgende begriffliche Unterscheidungen weitestgehend durchgesetzt:

Sterbebegleitung durch palliative ärztliche wie pflegerische Versorgung und mitmenschliche Betreuung.

Passive Sterbehilfe als Unterlassen lebensverlängernder Maßnahmen beim todkranken Patienten.

Indirekte Sterbehilfe, d.h. Gabe schmerzlindernder Mittel unter Inkaufnahme möglicher Lebensverkürzung.

Aktive Sterbehilfe als gezieltes und tätiges Herbeiführen des Todes, in aller Regel auf Wunsch des Patienten.

Suizidbeihilfe als Mitwirkung an fremder Selbsttötung, die in mit Sterbehilfe verwandten Fällen regelmäßig erfolgt, um ein als unerträglich empfundenes Leiden zu beenden.

** permissiv: Die Einhaltung gesetzlicher Bestimmungen nur locker kontrollierend bzw. zugunsten eines Beschuldigten auslegend.*

Ein Beispiel

Ein 18-jähriger Motorradfahrer erleidet bei einem Unfall einen Knochenbruch im Halswirbelbereich. Die Wahrscheinlichkeit für eine Querschnittlähmung ist relativ hoch. Zusätzlich hat er bei dem Unfall Verletzungen im Bauchraum erlitten, die zu schweren inneren Blutungen geführt haben. Der Patient ist nicht bei Bewusstsein. Um sein Leben zu retten, muss sofort operiert werden.

- Soll der Arzt den Patienten operieren?

Eine 78-jährige Frau hat Krebs und ist teilweise gelähmt. Sie bittet darum, sterben zu dürfen. Daraufhin spritzt ihr der Sohn, der selbst Arzt ist, eine tödliche Dosis Morphium. Die Frau stirbt.

- Soll der Sohn für seine Tat zur Rechenschaft – also verurteilt – werden?

Die Tabelle auf S. 59 stammt aus: Reiner Marquard, Ethik in der Medizin, RPE Religion – Pädagogik – Ethik, Stuttgart 2007, S. 186f.